师德实践培训资源　丛书主编　钱焕琦

U0783466

主编◎钱焕琦　朱运致

幼儿教师
职业道德实践

华东师范大学出版社
·上海·

图书在版编目（CIP）数据

幼儿教师职业道德实践/钱焕琦，朱运致主编.—上海：华东师范大学出版社，2013.10
（师德实践培训资源）
ISBN 978－7－5675－1343－3

Ⅰ.①幼…　Ⅱ.①钱…②朱…　Ⅲ.①幼教人员－职业道德　Ⅳ.①G615

中国版本图书馆 CIP 数据核字（2013）第 251858 号

师德实践培训资源

幼儿教师职业道德实践

主　　编　钱焕琦　朱运致
责任编辑　吴海红
责任校对　王丽平
装帧设计　卢晓红

出版发行　华东师范大学出版社
社　　址　上海市中山北路 3663 号　邮编 200062
网　　址　www.ecnupress.com.cn
电　　话　021-60821666　行政传真 021-62572105
客服电话　021-62865537　门市（邮购）电话 021-62869887
地　　址　上海市中山北路 3663 号华东师范大学校内先锋路口
网　　店　http://hdsdcbs.tmall.com

印 刷 者　常熟市文化印刷有限公司
开　　本　787 毫米×1092 毫米　1/16
印　　张　12.75
字　　数　197 千字
版　　次　2013 年 12 月第 1 版
印　　次　2023 年 8 月第 7 次
书　　号　ISBN 978-7-5675-1343-3/G·6935
定　　价　28.00 元

出 版 人　王　焰

（如发现本版图书有印订质量问题，请寄回本社客服中心调换或电话 021-62865537 联系）

序

当前,我国教育改革发展进入了提高质量、发展内涵的历史新阶段,加强教师队伍建设已经成为事关教育事业科学发展的关键因素和紧迫任务。全面实施素质教育,关键在教师的作用。全面提高教育质量,关键在教师的作用。解决择校热、减轻学生学业负担等教育热点难点问题,也无不与教师有关。所以,整个教育事业的成败从根本上讲,都取决于教师队伍的整体素质。教师队伍建设是教育事业最重要的基础性工作。

2012年,《国务院关于加强教师队伍建设的意见》(下称《意见》)发布。《意见》明确了把促进学生健康成长作为教师工作的出发点和落脚点,提出了到2020年,形成一支师德高尚、业务精湛、结构合理、充满活力的高素质、专业化教师队伍的总体目标。《意见》坚持统筹规划、分类指导的理念,分别提出了幼儿园教师、中小学教师、职业学校教师、高校教师、特殊教育教师和民族地区教师队伍建设的重点任务。特别强调构建师德建设长效机制,全面提高教师思想政治素质,狠抓师德教育;并首次提出建立教育、宣传、考核、监督与奖惩相结合的师德建设工作机制,全面实行师德"一票否决制"。

教师职业道德是职业道德的一种表现形式,它是在教师职业劳动产生之后才逐渐形成的。教师职业道德指教师在从事教育劳动过程中形成的,用以调节教师与他人、教师与社会、教师与集体等相互关系时所必须遵守的基本道德规范和行为准则,以及在此基础上所表现出来的道德观念、情操和品质。教师职业道德以具体适用于教师职业活动的形式体现出全社会对教师行为的基本道德要求。一个教师能否成为"让人民满意的教师",能否成为让学生尊敬和信赖的人,能否将自己毕生的精力献给培养人才的教育事业并从中获得自身的全面发展和精神的愉悦,都与他的职业道德水平有着密切的关系。

根据《意见》分类指导的理念,本套丛书从幼儿园、小学、初中、高中各级教育对象的特点出发,从教师教学生活的实践出发,去认识、了解、反思职业道德的内涵和建构,从教育行动的层面为各级教师提供具体的帮助。

本套丛书将"实践取向"作为其基本理念。其一,道德是涉及人们的情感、意志和信念的一种特殊的社会现象。人类道德的存在价值和运作方式,决定了道德必须由外在规约过渡到内在自觉,惟其如此,道德才成其为道德。道德内化的完成,仅仅停留于"知"的层面是远远不够的,只有笃信道德,把道德变为人的情感需要,才是真正的道德内化。道德只有植根于人的心灵之中,才能有持久的力量,才能形成真正的人格魅力。因而,本套丛书十分注重道德在教师生活中的实际状况。其二,教师教育的目标是培养具有现代教育观念、面向基础教育实践一线的教师,这套丛书内容的选取与组织基于我国中小学、幼儿园教育教学的实践,基于基础教育新课程改革以来基础教育领域对教师的新要求,基于教育部颁布的最新的《教师教育课程标准》以及《中小学教师职业道德规范》,也基于社会主义市场经济的发展,现实教育实践中的各种矛盾和变化更加尖锐和复杂的现实。书中大量使用来自我国基础教育实践领域的真实与鲜活的案例,足以引发读者的思考和共鸣。丰富的材料、理论与实践相结合的分析,增强了教师教育行为选择的可操作性。丛书还充分考虑了 90 后读者群认知与学习的特征,力求在结构设计、语言表述、呈现方式、信息技术工具的使用等方面符合这一学习群体的特征。

以实践的方式,从道德的视角对教师的教育活动进行价值分析和行为导向,是全新的尝试。我们期望读者与作者共同参与,努力培植这一棵鲜活的师德理论的常青树。

钱焕琦

2013 年 11 月

目录

前言

　　童年在人的一生中是一个独特而脆弱的阶段。年幼的儿童依赖成年人为他们提供的安全、健康、充满爱的环境得到照顾和教育。在很多幼儿的世界里，除了父母、家人之外，最亲近、最重要的人就是幼儿园老师了。当孩子放开父母的手走进幼儿园，幼儿教师就是孩子的一片天。幼儿在和老师几年的朝夕相处中认知世界，了解自我，体验人与人的关系，幼儿教师给孩子的那一片天是晴是阴，是阳光雨露还是风霜雨雪，决定着孩子内心世界的颜色和温度。孩子年龄越小，教师的责任越重大，因为这份职业坐落在人生的起点，是成就人一生的事业。

幼儿教师是幼儿心智的启蒙者

　　有一则流传很广的故事，它能让我们感受到幼儿教育的深远影响。1978 年，75 位诺贝尔奖获得者在巴黎聚会。有个记者问其中一位："您认为您一生中最重要的东西是在哪所大学、哪所实验室里学到的呢？"这位白发苍苍的诺贝尔奖获得者平静地回答："是在幼儿园。"记者感到非常惊奇，诺贝尔奖获得者微笑着解释："在幼儿园里，我学会了很多。比如，把自己的东西分一半给小伙伴们；不是自己的东西不要拿；东西要放整齐；饭前要洗手；午饭后要休息；做了错事要表示歉意；学习要多思考，要仔细观察大自然。我认为，我学到的全部东西就是这些。"所有在场的人都对这位诺贝尔奖获得者的回答报以热烈的掌声。

　　其实，我们哪个行业的人不需要对幼儿教师心怀感恩呢？也许正是因为在幼儿园里老师带着小朋友饲养的小兔引发了孩子研究动物的兴趣，也许是老师和小朋友在操场上玩的影子游戏让孩子对天空宇宙着迷，也许是老师对小朋友涂鸦的赞赏给了孩子大胆创作的勇气,也许正是老师对小朋友的关爱让他们成为有爱心的服务者。是幼儿教育让儿童在认知、情感、社会适应方面做好了接受正式教育的准备,给孩子的未来发展打下了重要的基础。

幼儿教师是幼儿心灵的守望者

幼儿年龄再小,也是活生生的人。他们有自主意识,有情感,有自尊。他们感觉敏锐,情感细腻。尤其是刚入园的孩子,因为对陌生环境的天生警惕性,他们就像机敏的小兔子,对老师的一举一动、一言一行都很在意。老师的话他们不一定能完全明白,幼儿园里发生的事也不一定能清楚地回忆,但老师说话时的态度,事情发生时的氛围,会影响他们的情绪,会在他们的心里留下印记。幼儿的语言表达能力还很弱,不会辩解,不会反驳,有时只能通过哭来抗议。成年人在幼儿面前有着绝对的控制优势,这种权力的合理利用有助于使孩子感受到老师的权威和可依赖性,能够更加勇敢自信地探索和适应世界并感受到快乐。但如果这种权力被滥用,孩子们感受到的只有压抑和恐惧,就会退缩和躲避。能给孩子带来安全感和快乐的老师,和保卫国土的战士一样是英雄,因为他们守护的是更值得珍惜的心灵家园。

幼儿教师是儿童家长的后援团

家长把孩子领进幼儿园,就把自己生命中最重要的部分托付给了你。哪个孩子不是家长的心头肉?有了可以信赖的幼儿园老师,家长才能放心地去做自己的工作,实现自己的理想。可以想象,如果没有幼儿园,没有幼儿园老师,很多妈妈就得放弃工作,牺牲自己的个人生活来照顾孩子。很多家长坦言,孩子送进幼儿园之后自己轻松多了,时间、体力和精神上的压力大大得到了缓解。假期里,家长比孩子还盼望开学。有些家长每天送得早,接得迟,是因为觉得孩子在幼儿园有老师带着更好。老师能看出家长都可能忽略的问题,老师有办法让孩子吃得多一点,学得快一点。很多家长在教育孩子时遇到难题,首先想到的就是向幼儿园老师请教。家长在不知不觉中把幼儿园老师当成了最贴心的伙伴和最可依赖的后援团。如果老师对孩子多一点付出,家长的感激之情就无以言表。

幼儿教师是儿童权益的代言人

儿童生存环境的改善完全依赖于最了解他们,对他们最有感情的家长和老师。孩子从早晨入园到下午回家,将近大半天时间是在幼儿园度过的,幼儿园的环境是否适合孩子的成长至关重要。孩子自己没有能力表达不满,甚至没有能力察觉到不妥,而幼儿教师是儿童行为的密切观察者,也是儿童心理世界的探索者,是最有能力及时发现并消除这些不利因素,确保儿童的最大权益的。幼儿教师可以担负起儿童权益倡导的责任,运用自己的第一手经验和研究来引导全社会正确理解儿童,唤醒全社会尊重儿童权利的意识,促进有利于幼儿的照料和教育的社会变革,为儿童的生存与发展创造更适宜的环境。

幼儿教师是不可替代的专业工作者

幼儿教育所服务的对象是一个社会最可宝贵的群体,所以幼儿教育对社会有特殊的价值,这种价值是其他职业所不能弥补的。服务对象的特殊性决定了服务方式的特殊性,这一职业并非任何人都能胜任。幼儿教育工作绝不是简单的"看孩子",因为只负责吃喝拉撒睡的保姆式服务不能满足社会对未来公民素质的特殊需求。现代幼儿教育工作需要教师具备专业的知识和技能,在理解孩子发展规律的基础上,完成保育和教育的职能。

美国教育活动发展研究所执行主席萨瓦曾指出:"从最深远的专业意义来说,幼儿教师所做的工作比研究生导师所做的工作更令人兴奋、更为重要。"在法国,人们把幼儿教师比作"聪明而奉献的母亲",他们是作为"儿童教育家和心理学家"在工作。

幼儿教师的专业性不是指会弹琴、会跳舞、会画画、会做手工这些教学技能,更包含能以儿童为本的理念,根据儿童的身心发展需要,创建和改善幼儿园的文化环境,设计和实施各类活动以及观察和评估儿童发展状况的能力。

所有这一切都说明一点:幼儿教师给孩子、家长和社会带来的价值是无可估量的。每天早晨当你踏进幼儿园大门站在整装镜前时,请记住,你看见的是一个更重要的自己。

第一章

创造一个幼儿友好的世界

幼儿园是孩子的第二家园,给孩子提供一个洁净、安全、健康、温暖、快乐的环境是幼儿园老师最基本的责任。幼儿园老师需要通过对空间和时间的巧妙设计和调节为孩子创建一个适宜的物理环境、心理环境和学习环境。

第一节　撑起安全健康的保护伞

幼儿园孩子人小，他们机体抵抗力弱，身体协调能力差，认知能力还有局限，常常顾前不顾后，想不到行为的后果。他们语言表达能力弱，往往说不清自己的感受。他们社会性技能还有待提高，有时只顾自己不顾他人。可幼儿园孩子心大，他们好奇，什么都想碰一碰；他们无知无畏，什么都想试一试；他们倔强，你越不让他动，他越要动。他们很容易兴奋，玩起来就忘乎所以。总而言之，幼儿缺乏自我保护能力，也容易制造"事故"，需要幼儿园老师像消防队员一样时时刻刻准备着。

话题聚焦

镜头一

小沈老师刚从幼师毕业来幼儿园工作不久，她性格活泼开朗，工作不仅负责还肯动脑筋，常常会想出一些新点子开展教学活动，小朋友和家长都很喜欢她，园领导也很认可她的能力。一年后，小沈老师就成了中二班的班主任。秋季到来，一场大风过后，满地都是落叶。小沈老师灵机一动，决定带领班上的小朋友到幼儿园附近的一所高校的校园里采集落叶，亲身体验大自然。小朋友们很兴奋，一个拉着一个的衣角，跟着班上的两位老师去踏秋。

在校园里,孩子们在草坪上又跑又跳,捡了各种各样的树叶,乐不思蜀。好不容易把孩子们召集齐了,带回幼儿园,刚好赶上吃点心时间。孩子们一边吃,还一边谈论刚才捡的树叶。小沈老师很开心,感觉这次活动很成功。第二天,有三个孩子家长打电话来请假,说孩子感冒了。一位家长还问,昨天孩子的鞋袜怎么都是湿的?小沈愣了一下,忽然想起来是不是前一天在草坪上孩子踩到了水洼里。因为吃完点心不久家长就把孩子接走了,小沈老师也没有注意到。这时,小沈开始回想前一天的活动,是不是有什么地方安排得不妥当。

◆ **定格思考**

1 几个孩子同时生病和小沈老师前一天的活动安排有关系吗?

2 小沈老师的活动安排有哪些地方存在安全健康隐患?今后如何改进?

◆ **细节透视**

案例中,小沈老师工作积极创新的热情值得鼓励,但需要明确的是,在幼儿保教工作中,首要的是保护孩子的安全和健康。安全和健康就好比数字 1,如果没有了这个 1,其他方面再出色,也是 0。所以,幼儿园教学活动的策划除了要满足儿童的发展需要,更要全面考虑安全和健康因素。探索之旅启程之前,一定要给孩子系好安全和健康的保险带。

小沈老师带小朋友接触大自然的活动初衷是好的,但她忽略了对孩子安全和健康的防护。她的失误主要体现在以下几个方面:

首先,小沈老师对幼儿体质的敏感性不够。季节交替,又刚刚寒流过后,本来就容易诱发感冒,这样的天气带孩子到户外活动一定要谨慎。

第二,小沈老师对幼儿在户外活动的兴奋程度估计不足。幼儿喜欢激烈的身体活动,难得在开阔的场地上撒欢,不玩到筋疲力尽是不肯罢休的。孩子们尽情地剧烈活动后,一定大汗淋漓,如不及时更换衣物,很容易着凉。

第三，小沈老师在活动前没有勘察活动场地。草地不平整，有些低洼的地方可能有积水，因为有草的掩盖，不易被发现，孩子们满场奔跑时就很容易踩到水塘里。另外，幼儿园以外平时不熟悉的场所还可能存在其他安全隐患，比如地面的不平整、场地的开放性、台阶、栅栏等，这些情况需要事先了解，在确保对安全隐患有防护措施后，才能带孩子去活动。小沈老师这次活动没有出现安全事故是万幸，但作为幼儿园老师，在关系到幼儿安全与健康的问题上决不能存侥幸心理。

第四，小沈老师观察还不够细致。幼儿语言表达能力弱，常常说不清楚身体的不适。有的幼儿胆小，有了问题也不敢向老师报告。幼儿园老师要能敏锐地察觉孩子的衣裤、鞋帽、神情、动作的异常，这样才能及时发现问题，及时处理。

第五，小沈老师没有及时向家长通报孩子的活动情况，提醒家长回家给孩子更换衣物，或采取一些预防伤风感冒的补救措施。

综上所述，小沈老师因为安全健康第一的意识不够强，没有尽到对幼儿的保护责任，导致了一项很好的教学活动产生了令人遗憾的结果。

镜头二

一天下午，幼儿园小一班和小二班的小朋友在操场上自由活动。孩子们在各种游戏器械上玩耍，欢声笑语不断。两个班的班主任李老师和于老师在一旁一边看护孩子们，一边说话。李老师最近有些烦心事，她和于老师关系很好，趁着这个机会，两人就聊开了。不一会儿，游戏屋里传来了撕心裂肺的哭喊声，两个老师赶紧跑过去查看。只见游戏小屋里挤了五个小朋友，豆豆跌坐在最里面的角落里，说自己手被踩疼了。门口的东东手臂上被破裂的塑料门框划了个大口子。两位老师赶紧召集所有小朋友回教室，慌忙中没有点人数。直到进了教室，把东东的伤口处理好后，李老师才发现牛牛不在教室里。她赶紧到操场上找，牛牛一个人在滑梯那儿玩得正欢呢。

① 这次事件的发生是偶然的吗？

② 老师应该如何避免这类事件的发生？如何改进工作？

◆　细节透视

案例中，孩子之所以会受伤，不是偶然的，而是和老师的幼儿安全保护意识不强直接相关。

首先，李老师和于老师没有尽到监管的责任。两个班级近 60 名小朋友在操场上玩，有很多安全隐患，需要老师密切关注小朋友的行为，及时制止孩子在游戏器械上做危险动作，预防推挤、追跑、打斗行为的发生。而两位老师只顾聊天，分散了注意力，没有及时发现孩子们在操场上的违规行为。

第二，幼儿园的每一位老师都负有对环境安全隐患的检查之责。东东的受伤是因为塑料游戏屋年久失修，出现裂缝造成的，虽然不是两位老师的直接责任，但如果老师们对幼儿的保护意识强，平时注意检查活动器械，发现问题及时通报园长或后勤部门进行维修或更换，就可以防止这类事故的发生。

第三，幼儿教师要有应对紧急事件的能力。李老师在豆豆和东东受伤以后乱了方寸，带小朋友回班时没注意到少了一个人，这是非常不应该的。所幸，孩子是在幼儿园内部，不会走散，但如果是在园外公共场所，走失一个孩子的后果是不堪设想的。即使在封闭的环境中，幼儿在无人监管的状态下，发生安全事故的风险也是非常大的。

行动方案

《幼儿园教师专业标准》和《幼儿园教育指导纲要》都明确指出：幼儿园必须把保护幼儿生命安全和促进幼儿健康发展放在首位。以上两个案例提醒我们，要把这个要求落到实处，容不得半点马虎。幼儿教师应该严格执行幼儿园已有的安全管理条例，不能有丝毫懈怠。在这个前提下，幼儿教师还要自觉加强安全防护的敏感性，从幼儿园生活的点点滴滴着眼，主动从幼儿的角度去考虑各种防范和保护措施。

1. 练就善于发现的眼睛

从进入幼儿园开始就应该眼观六路,耳听八方,凡是儿童所到之处都应该小心谨慎。脑子里装一个检查表,眼睛到哪里,心里就要问一问有无安全隐患:教室的布置是否合理,孩子们行走、活动的通道是否畅通?家具摆放是否稳当,有没有倾倒的可能?洗手间地砖是否防滑,小朋友集体洗漱是否过于拥挤?台阶有没有因破损而产生尖角,桌椅、游戏器械有无松动或裂痕,有无松脱的钉子或螺丝?操场的塑胶地垫拼接处是否出现翻翘,因而容易绊倒儿童?玩具、用具有无毛边、木刺,材料是否安全环保?食品、饮料的温度是否合适?孩子的服装、鞋、帽、饰品等是否会妨碍幼儿活动?

> 钟老师发现一个小朋友在卫生间上完厕所出来时,脚下滑了一下。钟老师立刻去卫生间查看,用脚蹭了蹭地面,沾了水的地面果然很滑。原来防滑的地砖经过几年使用已经被磨光了。钟老师还注意到男生小便池的边缘有棱角,如果小朋友不小心滑倒,后脑勺磕在上面很危险。钟老师立刻向园长汇报,先买了防滑地垫用上。园长也马上联系工人来检查所有卫生间,打磨地砖,并整修小便池。

在教学活动中,每一个幼儿都不能脱离老师的视线。老师要密切观察活动场地上的小朋友的数量是否过多,小朋友的神情、动作有无异常,小朋友使用的玩具和用具有无损坏。在开阔的户外场地,老师要不时地走动,变换监控角度,避免盲区,确保可以观察到每一个小朋友的行为。

2. 养成预先思考的习惯

无论是幼儿园常规工作,还是应时应景策划的特别活动,老师都要预先在大脑里画一个流程图,预演一遍活动过程,预测每个环节上可能需要防范的安全隐患。

幼儿教师需要熟悉幼儿园常规活动安全管理规程,从环境卫生、食品安全,到打水、打饭、上厕所、午睡、室内活动、户外活动、交接班、幼儿接送,每一项工作都要严格执行操作规程,不能擅离职守,马虎大意。这几年发生的幼儿被锁校车、午睡时间孩子突发疾病无人知晓的事故都是因为教师的安全意识麻痹、不按要求执行安全条例造成的。照章行事是幼儿教师工作的最低要求，是一条不能让步的底线。在此基础之上，教师还要根据本班小朋友的具体情况加强安全保护措施，比如对那些特别调皮胆大或体质特别弱的孩子要多一些关注。

在常规工作之外的特别活动中，尤其是大型活动，幼儿教师还要特别策划相应的安全保障措施。不熟悉的情境中很可能会出现意想不到的情况，这就需要我们尽可能地预先设想，确保每个环节上小朋友的安全。必要时可以请家长或大学生志愿者协助维持秩序，但需要注意的是，这些志愿者需要事先接受培训，每个人都明确自己的职责，知道做什么和怎么做，否则反而会增加现场管理的复杂性和难度。

> 幼儿园在六一节举办了一个全园小朋友一起参与的游艺会，为了确保活动安全，每个班级都邀请了一些家长志愿者帮助维持活动秩序。大一班的徐老师发现童童妈妈穿了一双细高跟凉拖鞋，她赶紧到教室找了双自己的平底布鞋请她换上。活动间歇，小三班的刘老师看见米豆的外婆在给小朋友分小盒装的果冻吃，她连忙跑过去制止。活动结束后，好几位老师都感叹，今天眼睛不光要盯着孩子，还要注意家长，以后请家长帮忙一定要事先讲清楚要求。

3. 提高应对问题的能力

任何计划都不可能十全十美，万无一失，这就需要我们做好应对突发事件的知识和技能。教师需要掌握火灾、地震等灾难性事件的紧急处理方法，还要有医疗急救的基本技能。只有心中有数，才不会临阵慌乱，避免处理问题过程中再出现差错。

> 美国的一所学校发生过一起非常罕见的事故，一名八岁男孩手握铅笔在教室跑动时，不小心摔倒，铅笔直插入孩子的胸腔。老师立刻拨打急救电话，果断地请隔壁班的教师带走教室里的其他学生。在等待专业医疗救援的过程中，她轻轻地让受伤男孩平卧在地板上，自己坐在一边，握着孩子的手，用平静的声调告诉他不要紧张，不要碰胸前的铅笔，均匀呼吸，并询问孩子身体有什么感觉。救护车赶到后，老师随行送孩子去医院，向医生解释事故发生

过程和孩子的状况。随后，老师打电话通知家长直接去医院。孩子成功获救，医生告诉家长和老师，铅笔已经插入孩子的心脏了，幸亏老师处理得当，否则孩子性命难保。如果老师当时拔出铅笔，很可能造成大出血；如果孩子紧张哭闹，身体扭动，则可能加剧出血和创伤。

这位教师在事故发生后，采取了一连串的行动，求救、清场、应急处理、观察和汇报病情、通知家长，每个环节有条不紊，一丝不乱。她争分夺秒地赢得了急救时机，迅速控制了恐慌情绪，准确恰当地处理了伤情，表现出了超强的心理承受能力和急救护理能力。这种危机应对能力不是与生俱来的，是通过学习和训练获得的。平时训练有素，临阵才能安之若素。幼儿教师会不时受到各种危急情况的挑战，准备应对各种情境的应急预案，是非常重要的。

4. 培养儿童自我保护意识

保护幼儿的安全健康，不能光靠教师的看管。"不许动"、"不许跑"这样的负面指令，也许可以保证孩子不出差错，却会大大挫伤孩子的自主性和自信心。幼儿教育的宗旨是给儿童提供安全、丰富的体验环境，让孩子通过自由参与各种活动发展全方位的能力。在安全保护方面，培养幼儿的安全健康意识和自我保护能力才是最根本的。

幼儿的空间意识、身体协调性和控制能力差是导致幼儿容易出事故的主要原因，这就需要幼儿教师给儿童提供活动的空间和机会，让他们充满信心和想象力地运动，逐渐提高运动控制能力和协调能力，发展空间概念以及对自己和对他人的意识。只有让儿童多参与各类体育锻炼和集体活动，才能有效地帮助儿童通过亲身体验提高安全意识和自我保护能力。在这个过程中，教师可以引导孩子注意环境中的安全因素，比如台阶很高、滑的速度太快、球砸过来很重等。教师还可以教孩子体验运动时身体产生的变化，比如，呼吸声粗了，身上出汗了，腿酸了，从而帮助他们建立健康和安全的概念，了解影响健康和安全的因素。

虽然通过控制孩子的行为来确保安全是不合适的，但设立一定的规则和界限帮助孩子提高自我保护的意识和能力却是非常有必要的。在活动前，教师需要用简单明了的语言向幼儿说明安全游戏规则，让他们从一开始就明白一项器械上可以有几个人同时玩,可以怎么玩。玩得尽兴的儿童很容易兴奋过度,因此,教师要及时提醒孩子,帮助他们理解自己的行为可能产生的后果。一旦发现有小朋友违规,立刻采取措施制止并适当惩罚,如暂时剥夺游戏资格,以强化孩子的安全规则意识。

　　　小凯和毛毛一起玩跳跳球。他们相互追逐,冲撞,完全忘记了周围的其他小朋友。请看下面两位老师处理此事的不同做法,思考哪种方式更有助于儿童养成安全意识。

　　　对话 A:

　　　陈老师:你们两个,马上过来! 你们在干什么? 你们差点把牛牛撞倒!去,玩别的去。

　　　对话 B:

　　　吴老师:小凯、毛毛,过来,我有话跟你们说。好,我知道你们玩得很开心,但你们玩得太危险了。知道我为什么叫你们停下来吗?

　　　小凯:因为我们会摔倒。

　　　毛毛:我们会撞到头。

　　　吴老师:对,这是一个原因。如果你们受伤就不好玩了,是不是? 你们还可能伤到别人。刚才牛牛就差点被撞倒。我看,你们可以比赛谁跳得又稳又多,看谁能不从球上掉下来。

　　显然,第二种对话方式有助于启发儿童思考自己的行为,更能帮助儿童理解自己的行为和后果的关系,学会考虑控制自己的行为,保护自己和他人。这种对话式的交流比斥责式的命令有助于保护孩子的自尊心和自主性,不会挫伤孩子参与游戏活动的积极性和创造性。

5. 采取坦诚交流的方式

　　幼儿的安全和健康是家长最关切的,也是家长的首要责任。幼儿教师应该和家长密切合作,坦诚交流,建立彼此信任的关系,共同维护幼儿的生命安全和身体健康。幼儿教师要学会站在家长的角度,体谅家长的心情,及时通报孩子的真实情况,出现问题后更不能隐瞒，以免延误补救时机。

> 幼儿园大四班组织的一次教学活动安排在餐厅，因为餐厅光线不好，带班的张老师去开灯，结果误开了紫外线消毒灯，直到活动结束关灯时才发现，导致全班幼儿被紫外灯照射了 20 分钟。张老师很担心，考虑要不要跟家长说。同班保育老师说："应该没问题吧，小朋友看上去也没有什么不良反应。你一说，有的家长会大惊小怪，不依不饶的。"下午放学时，张老师还是决定对家长实话实说。她诚实地向每一位前来接孩子的家长说明了情况，一再道歉，提醒家长回家观察孩子的皮肤和眼睛有无灼伤，并表示一切检查治疗费用自己承担。因为时间短，紫外线灯距离孩子也比较远，孩子们都没有出现不良症状，张老师松了口气。家长们没有责怪老师，反而因为张老师诚实坦白而加深了对她的信任。

张老师工作不够细致导致了安全事故，应该反思和检讨，但她勇于面对家长，不逃避责任的态度是值得肯定的。张老师通过对这一事件的妥善处理赢得了家长的信任，原因有几个方面：

首先，张老师对家长的坦白是非常诚实的表现。张老师一五一十地把真实情况告诉了家长，表现出她把儿童的安全健康放在了自己名誉利益的前面。家长看到老师承受着挨批评、遭埋怨的压力说实话，没有选择逃避，就相信这位老师是有责任心的。

第二，张老师对家长的道歉是非常诚恳的。张老师跟家长沟通时一再自责，对自己的过失非常懊悔，也表示愿意花任何代价弥补给孩子们带来的伤害。恳切的表达让家长感到老师的行为确实是一时之失。人非圣贤，孰能无过？将心比心，家长也就容易原谅张老师了。

第三，张老师对家长的说明非常及时。如果张老师第二天才告诉家长，或者等到有孩子出现不良症状了再告知家长，事态就不会这么简单了。家长一定会感到愤怒，即使孩子没有什么大问题，家长也会觉得幼儿园老师想隐瞒欺骗，逃避责任，不值得信赖。

在保护幼儿安全健康的问题上，幼儿教师一定要与家长赤诚相见，赢得信任。如果家长不信任教师,就会疑心重重,处处防备、挑剔,幼儿教师的工作就很难开展。如果彼此信任,很多问题就能迎刃而解。

6. 熟悉相关法律法规

《幼儿园管理条例》(下称《条例》)是国务院 1989 年 8 月 20 日批准,1989 年 9 月 11 日中华人民共和国国家教育委员会第 4 号令发布,于 1990 年 2 月 1 日起执行的行政法规。《条例》第十八条至第二十一条对幼儿园的安全卫生保健工作进行了一系列的规定。对幼儿园卫生保健制度、安全防护制度、紧急救护制度的建立提出了明确的要求。幼儿园的每一位教师都需要充分认识到自己对幼儿健康安全所负有的责任,细致了解并严格遵守幼儿园安全卫生保健工作的制度。

幼儿园在教育活动中有防止儿童的身体或生命安全因教育活动遭受侵害的义务。尽管幼儿园不是在园幼儿的监护人,但是幼儿园一旦因过失行为导致伤害事故发生,幼儿园就必须承担相应的"过失责任"。幼儿园在幼儿伤害事故中是否有违法、违规、违纪行为,是幼儿园承担责任的前提。如果幼儿教师的过错直接或间接导致了幼儿伤害事故,幼儿园作为法人要负相应责任。有过错的幼儿教师则应根据幼儿园安全管理奖惩制度接受相应处罚。

> 大龙在操场上游戏时不小心把晶晶撞倒在地,当时晶晶没有哭闹,爬起来以后就接着玩了。下午晶晶说胳膊疼。老师发现晶晶左臂肘关节处肿胀,活动受限。老师立刻把孩子送进医院就诊,并通知了两位孩子的家长。医院检查显示:晶晶左侧尺骨骨折,需要石膏固定。晶晶家长提出了赔偿要求:除了孩子的医疗费和营养费以外,加上晶晶父母的误工费、护理费、交通费,一次性赔偿 8000 元。大龙父母认为,孩子进入幼儿园就代表家长把监护责任托付给了幼儿园,事故是在幼儿园发生的,是幼儿园老师没有尽到监护责任,所以应该由幼儿园承担全部赔偿责任。经过调解,三方最终达成协议:幼儿园和家长共同承担赔偿责任,张老师因监护不力,被扣除一个月的安全奖。

最高人民法院《关于贯彻执行〈中华人民共和国民法通则〉若干问题的意见(试

行)》第一百六十条规定:"在幼儿园生活、学习的无民事行为能力人……受到伤害或者给他人造成损害,单位有过错的,可以责令这些单位适当给予补偿。"可见,依据法律,幼儿教师如果在履行职责过程中存在故意或过失的过错,就需要承担与过错程度相适应的责任。另外,《民法通则》第一百三十三条规定:无民事行为能力人、限制民事行为能力人造成他人损害的,由监护人承担民事责任。监护人尽了监护责任的,可以适当减轻他的民事责任。这一条表明,监护人无论有无过错,都要对被监护人造成的侵权损害承担一定的法律责任。换句话说,如果一个幼儿在幼儿园伤害了别的孩子,他的家长即使没有过错,也不能免除民事责任,也要承担一定的赔偿责任,不能将责任全部推给幼儿园。

总之,幼儿教师在保护幼儿生命安全和身体健康的工作上,首先需要严格遵守相关法规政策,做到防患于未然,减少事故风险。出现差错后,不能推卸责任,应依据相关法律法规,妥善解决问题,最大限度地保障幼儿的合法权益。

实践反思

1　请组成3—5人的讨论小组,合作制定一份幼儿园环境检查表,列出关系到幼儿安全健康的项目,包括场地、设施、用具等。带着这份检查表,到自己的幼儿园逐一对照检查,总结一下发现的问题,并将检查报告递交一份给园长。

2　小组讨论:下列活动中存在哪些安全健康隐患,如何采取措施消除这些隐患?
(1) 组织儿童到公园春游。
(2) 六一儿童节组织儿童到报告厅舞台上表演文艺节目。
(3) 组织园内亲子趣味运动会。

3　大班晨晨和大维中午睡觉时总是不安分,两人睡上下铺。老师一不注意,这两个小男生就在床上打闹。一天,带班的蒋老师发现上铺的晨晨一手抓着围栏,上半身挂在床铺外和下铺的大维打斗。如果你是蒋老师,你会怎么处理?

4 角色扮演:幼儿园老师和家长在以下情境中互动:

（1）幼儿园老师在早晨入园体检时,发现悠悠双眼发红,老师建议家长把孩子送去医院检查治疗,在家休养。家长不同意,说自己要上班,家里没人带孩子。

（2）中二班的果果在操场上捡到一个小木条,他挥舞木条时,不小心碰伤了南南的额头,擦了一小块皮。下午家长来接孩子时,班主任周老师和家长解释情况。

第二节 搭建宽松温馨的安全窝

环境对幼儿情绪的影响令人吃惊,幼儿活动场所的区域划分、家具、玩具、材料、光线、质地、色彩等无不悄然传递着信息,影响孩子的心理体验,调节幼儿与周围人、事、物相互作用的方式,激发或制约他们的行为。想要帮助幼儿建立心理安全感,保持积极愉快的情绪,需要幼儿教师通过对物理环境的巧妙设计,为幼儿打造一个平等、轻松、和谐、愉悦的心理环境。

话题聚焦

镜头一

为了迎接托班新生,幼儿园托班的老师们8月刚过就开会研究环境的创设。她们七嘴八舌地讨论开了:

小陈老师说:"宝宝们第一次离开家来到了幼儿园,面对陌生的环境,陌生的群体,必然会产生分离焦虑,因此一定要把环境设计得有亲切感,帮助宝宝尽快适应新环境。"

小张老师比较有经验:"刚入园的宝宝特别依恋大人,常常是集体围在老师身边,而且宝宝刚入园时并不熟悉幼儿园的环境,所以不适合分区游戏。"

小赵老师也赞同："我建议三个老师一起和孩子们在一起活动,一方面便于我们照顾所有的孩子,一方面也有助于宝宝和我们所有老师熟悉起来,建立亲密关系。"

几位老师最终拿定了主意,把托班教室设计成一个大娃娃家。墙饰设置为天线宝宝的一家。老师们还提前向每位家长要了孩子的生活照贴在教室墙面上。她们在榻榻米上布置了一个大的家庭环境。在这个大的娃娃家里,她们使用了很多柔软的材料,比如抱枕、布艺玩具等。所有的玩具和材料集中在一起摆放,便于宝宝取放。投放的玩具材料有小厨房、床、餐桌椅、抱抱熊、天线宝宝、各种成型的玩具串珠架、打桩、泡沫积木、套碗、小爬滑、按摩球等。三名教师与所有的宝宝共同游戏。

开学后,小朋友很快被这个像家一样的教室吸引住了,他们在教室里看到了自己熟悉的天线宝宝,找到了自己的照片。在娃娃家里有很多柔软的依靠,老师一直在身边陪他们玩各种游戏,与父母分离的紧张感很快得到了缓解。

◆ **定格思考**

1 托班老师在环境创设方面有什么可取之处?

2 这些设计体现了哪些理念?

3 在你的幼儿园有没有类似的运用环境设计帮助孩子适应新环境的例子?

◆ **细节透视**

1 托班的老师们暑假就开始认真讨论教室环境的设计,体现出老师们已经具备了运用环境来实施幼儿教育的意识。她们从儿童心理发展需要入手,充分考虑了幼儿在初次入园这一特定阶段、特定情境下的心理特点,表现出了老师们处处为幼儿着想的责任心。

2 托班的环境设计成"娃娃家",并采用了很多这一阶段幼儿熟悉和喜爱的玩具和材料,似曾相识的环境能够帮助初次入园的幼儿缓解陌生感,安抚不安情绪。这一设计体现了自然环境的理念,也就是将环境尽量设计得与幼儿的真实生活环境相接近,充满生活气息,有助于幼儿尽快完成从家到陌生环境的过渡。

3 集中摆放的玩具比散放在各个区域的玩具更具视觉吸引力,能一下子引起幼儿的注意,激发幼儿参与游戏的愿望,进入游戏情景。这一设计充分考虑到了儿童与环境的互动,只有当幼儿与环境充分互动时,环境的教育功能才能发挥出来。

4 教室不分游戏区域,三名教师与所有的宝宝共同游戏。这一设计体现了环境创设的灵活性。首先从孩子的从众心理来说,有了安全感;其次便于教师及时关注每一个孩子,照顾宝宝的需要,建立亲密的关系。

这样的环境创设,对初入园的两岁左右的小宝宝来说,是非常适宜的。

镜头二

明月幼儿园的老师注意到了一些现象:幼儿特别喜欢在厕所里聊天,当老师走近他们时,他们就会冲老师神秘地笑笑或者做鬼脸后溜走。他们还非常喜欢三三两两地结伴"躲"在教室的角落里窃窃私语,说些悄悄话。而此时的幼儿似乎特别不愿意被老师打搅,他们总是想方设法寻找一片属于自己的天地。于是,老师们做了一个决定,为孩子们打造一个"悄悄话屋"。

老师们在每个教室的角落里都放置了一个自行设计的、相对封闭的木头小屋,可以容纳两三个幼儿。小屋上面垂挂着轻盈透明、色彩柔和的纱,里面放置柔软的坐垫和各种毛绒玩具,小屋墙上张贴了各种表情的情绪脸谱,还有一些画着恰当的情绪表达方式的图片。孩子们一下子就喜欢上了这个可爱的小屋,时不时地会进去待一会儿,他们可以舒服地躺着、坐着,尽情欢笑。

"晴晴,过两天就是我的生日了,我要把蛋糕拿到幼儿园里来。""那你生日那天能不能请我和你一起分蛋糕?""好的,那你的生日也要请我哦!""好!我们两个拉拉钩,一言为定。"晴晴和楷楷两个好朋友正在悄悄话屋里为两人的生日约定用小指拉钩钩呢!

月月、童童和毛毛在悄悄话屋里玩起了装扮游戏。她们一会儿把丝巾盖在头上当新娘子;一会儿把丝巾绑在身上当裙子进行表演;一会儿把丝巾盖在身上当被子,玩娃娃家……她们是班级里胆子较小的幼儿,平时不爱表现,可是今天却在悄悄话屋里自信大方地表现自己,展现出不同的一面。

心心不愿意王老师帮他整理裤子,也不愿意和老师说话,老师拉着他来到了悄悄话屋。在悄悄话屋里,心心贴着王老师的耳朵轻轻说道:"我不小心把小便解到裤子上去了。"王老师听了也贴着心心的耳朵轻轻说道:"我知道了,我去给你拿一条裤子换上,你等我。""好的!"心心爽快地回答道。过了一会儿,心心穿上了干净的裤子,他和老师都开心地笑了。

花灯比赛中,小唯因为自己的灯没有被选上而哇哇大哭。老师和小伙伴都纷纷安慰他,他却撅着嘴,不愿意参加接下来的游戏。于是老师让小唯到悄悄话屋里坐一坐。小唯怀抱着毛绒玩具,一个人独自坐着,嘴里嘟哝着什么。过了一会儿,他躺了下来,把毛绒玩具压在身体下面,两只脚"咚、咚、咚"地拍打着放在身体下面的软垫……过了不久,小唯走出小屋,对老师说:"老师,我想玩游戏。"

令令和毅毅是好朋友,可是今天却因为比赛结果的输赢而争吵起来,两人争得面红耳赤,谁也不服谁,还差点打了起来。老师把他俩领进了悄悄话屋,令令和毅毅坐了下来。老师对他们说:"你们俩先在悄悄话屋里呆一会儿吧,如果想跟对方说话,声音必须轻柔、温和。"令令和毅毅听了老师的话,点了点头。老师说完话就走了,悄悄话屋里只剩下令令和毅毅。一开始,他们互相不理睬对方,谁也不说话。过了一会儿,两个小朋友都开始东瞧瞧、西看看,他们的目光碰在了一起,你看到了我,我看到了你,"扑哧"一声,两人都忍不住笑了起来。这一笑,化解了矛盾,令令对毅毅说:"好吧,算你们赢了,下次再比赛。"毅毅也说道:"我下次不笑话你们了……"就这样,两个好朋友在悄悄话屋里重归于好了。

◆ **定格思考**

1 明月幼儿园的老师为孩子们打造的悄悄话屋在哪些方面有助于孩子的积极心理体验？

2 你所在的幼儿园有没有类似的环境？

◆ **细节透视**

1 明月幼儿园的老师们为孩子们创设的悄悄话屋，体现了她们对幼儿心理需要的细腻体悟和真诚尊重。幼儿和成人一样也有发展亲密友谊的需要，和保护隐私的需要，他们也有很强的自尊心和羞耻感，做错事以后不希望被别人知道。孩子也有性格上的差异，有的孩子敏感害羞，只有在自己不被人注意的时候才能自如地表现。孩子们也有情绪失控的时候，他们也需要一个私密的空间帮助他们冷静下来。

2 悄悄话屋给了孩子们一个体验亲密关系的空间。在悄悄话屋，幼儿可以和同学及老师分享心里话，相互倾诉和倾听。幼儿不好意思当众说的话，可以在悄悄话屋里敞开心扉对老师说，悄悄话屋也成为老师了解幼儿内心的窗口。

3 悄悄话屋给孩子们提供了一个大胆尝试自创游戏、充分表现自己的空间。在这里，幼儿的想象力、创造力、表现力得到了充分的发挥和满足，自信心从中建立起来。

4 悄悄话屋给孩子们开辟了一个宣泄情绪的场所。在悄悄话屋里，幼儿可以大胆表露自己的情绪，特别是消极的情绪，可以放松地哭泣、喊叫、敲打软垫……消极情绪在这里得到了发泄，不良情绪得到了调控。

5 悄悄话屋为孩子们提供了一个和平解决问题的场所。在这里，幼儿从之前的冲突情境中脱离出来，周围的陈设释放着轻柔、舒缓的信号，在这样的环境下，孩子不受干扰，容易平静下来，并尝试采用友好的方法解决同伴间的问题。

行动方案

1. 创设生活化环境，让孩子感受到亲切感和安全感

幼儿园的环境尽可能地自然、亲切，能够帮助幼儿尽快适应，感受到安全和自如。

可以邀请孩子从自己家里带一些物品来布置教室,比如孩子与家人在一起的照片,自己喜欢的玩具或者植物,教师也可以把自己的家庭照片展示在教室里,让孩子有一种主人的感觉,让教室成为孩子的第二个家。这种拥有感和归属感,能极大地促进幼儿适应幼儿园生活。

装饰教室,可在墙上贴上鲜艳可爱的图片;在孩子的个人用具、衣帽钩、个人储藏间贴上小朋友的名字;设置一个公告栏,向小朋友和家长展示最近的活动主题和孩子们的作品。让教室明亮起来,调节教室的温度,让孩子进入教室就有敞亮舒适的感觉。

　　小班设计的《我爱我家》的墙饰,把幼儿的全家照做成有趣的各类房子张贴在墙上,构成一副美丽而醒目的画面,使幼儿一进活动室就能看到一家人的照片,从而产生归属感和安全感,帮助幼儿克服初次离开家庭造成的分离焦虑,尽快适应幼儿园的集体生活。

2. 创设包容的环境,让儿童体验归属感和拥有感

幼儿园是孩子的第二个家,幼儿对这个家的认同基于他们对这个新环境的识别和熟悉。给幼儿园设计一个特征鲜明、醒目、富有童趣的标志,在幼儿园建筑物外墙、操场、教室使用的家具、用具上适当使用这些标志,让孩子在幼儿园的任何一个角落都能看到这个标示,知道自己在一个熟悉的环境中,这既可以帮助刚入园的幼儿尽快熟悉新环境,也有助于儿童建立对这个新环境的安全依恋。

幼儿园既然是孩子的家,就需要让孩子感受到自己是这个家的一分子,在这里能找到属于自己的空间和物品。教室里应该为每个孩子设立一个存放个人物品的空间,哪怕是一个小盒子或一个衣帽钩。孩子的个人物品存放区需要贴上孩子的名字,或者让孩子选择自己喜欢的贴花作为区分。孩子的个人物品,如茶杯、毛巾、碗筷等也可以用同样的方式贴上名字。老师在幼儿入园后应尽快熟悉每个孩子,能准确而亲切地叫出他们的名字,让孩子尽快消除陌生感。

幼儿园里各种设备、家具的高度要适合儿童的身高和最大延展范围,抽屉、橱柜的开合要符合孩子的运动能力水平,并且没有安全隐患。孩子只有在幼儿园里能够自由

自在地活动,才能真正成为小主人,体验到自尊和自信。

新学期,清风幼儿园在环境创设方面做了一些大胆的尝试。小班幼儿使用的水龙头开关、教室门把手等设施都改成了单柄式开关和把手,便于幼儿自己开启。娃娃餐厅的环境和餐桌椅设计成快餐厅的式样,使得一些怕吃饭的幼儿也高兴地说:"要到像肯德基一样的餐厅里吃饭去。"环境诱发了幼儿的食欲,改变了幼儿的行为。幼儿园还改革了集中划一地喝豆浆的做法,让幼儿在娃娃自选餐厅中吃点心。幼儿自己决定吃点心时间的先后,决定进点数量的多少,选择自己喜爱的饼干(有甜咸不同、形状不同、大小不同)。由于豆浆饼干是幼儿根据自己需要和爱好自取的,进餐环境与气氛又非常宽松和富有游戏性,幼儿成了自己生活的小主人,所以,以往一些幼儿因不愿喝而悄悄倒掉饮料的现象再也没出现过。

3. 创设秩序井然的环境,让孩子体验规则感和稳定感

置身于一个光线明亮、空气新鲜、温度适宜、整洁有序的环境中,不仅会使年龄幼小的儿童身心愉快、精神饱满,还可以让他们从小养成做事有条理的好习惯。反之,一个杂乱无章、颜色反差过大、布置过多过满、窄小拥挤的环境,不仅会给幼儿带来过多的刺激,甚至还能使他们产生烦躁、疲劳、心神不安、不知所措的感觉。因此,幼儿园的布置应力求做到简明、清晰、有序,让孩子明白常规和界限,感受到稳定的可预测性,知道在什么地方可以做什么。教室活动区域的划分非常重要。教师可以运用色彩和光线的强弱、天花板的高低和地面铺设材料的不同,来帮助孩子区分活动区域,并用图画标示提示孩子各个区域的功能。

一走进小二班的教室,就有一种眼花缭乱的感觉。四面墙是不同的主题展示区,花花绿绿贴了很多照片和作品。四张桌子放在教室中间,看不出活动区域,玩具橱在最里面的角落里。室内自由游戏时间,需要老师们给小朋友分组、发玩具。尽管这样,也常常出现孩子们挤在玩具橱前争抢的情况。桌

子间的间隙较小,孩子们走来走去,总免不了碰着桌子。有好几次,小朋友搭好的积木被撞倒了,伤心得大哭。

期中教学检查后,老师们进行了反思,重新布置了教室,在活动区的设置上注意了以下几个问题:(1)每个活动区分别用低矮的玩具隔开,避免互相干扰。(2)闹区与安静区分开,各区通道要保持畅通无阻。(3)根据每个活动区的特点,选择安排适宜的位置。(4)根据幼儿难以理解"轮流、等待、分享、谦让"等含义的特点,在每区设立了标记。如有的标记为脚印,幼儿入区后把鞋放在脚印上,脚印占完则不能进入该区。在玩具存放位置上设立标记便于幼儿取放和收拾玩具。很快,小二班的老师发现,通过环境的调整,孩子们那种茫然的神情少了,孩子们能够自主选择活动,在游戏过程中也越来越有秩序,老师们似乎也轻松了不少。

4. 创设独处的空间,让孩子有自己的私密感

作为一个不断成长的独立个体,幼儿在成长过程中会产生各种心理需要,如:安全需要、独立需要、自主的需要、尊重的需要等。心理学家认为:五岁左右的幼儿就有了完全属于个人的秘密,他们开始有许多"小秘密",需要有自己的空间和世界,有时他们会不想让成人知道。他们会非常希望暂时躲开成人的视线、摆脱成人的约束,说一些自己喜欢说的话、做一些自己想要做的事。创设一个独立的、相对自由的、隐秘的独处空间,有助于保护幼儿的自尊心,帮助幼儿调节情绪,发展健康的自我意识。

中四班的老师们一直想给孩子们创造一个小小的私密区,但是教室面积实在狭小,再辟出一块来放置一个小屋是不可能的。于是她们开动脑筋,用纸板在阅读区搭建了一个低矮的顶棚,在地上铺了一块地毯,幼儿席地而坐,就可以掩身于书架后面,体会到不被打扰的安全感。这样,阅读区有了私密区的功能,幼儿既可以靠在角落里安静地看书,也可以躲在里面说点悄悄话,或静静地独处一会儿。

5. 创设选择多样的环境,让儿童的个性得到尊重

孩子是有差异的,孩子的愿望也是各不相同的,与他人不同是孩子应有的权利。"尊重孩子、尊重孩子的个体"的理念,也应该在环境创设中得到充分体现。在创设环境时,尤其在区域划分、材料准备方面,老师应该尽可能给孩子提供多种选择,允许孩子根据自己的兴趣参加活动,选择材料,并以自己喜欢的方式和自己独特的进步速度进行游戏和操作。创设游戏环境时既要考虑发展较快的幼儿,也要考虑发展较慢的幼儿,还要兼顾有特殊需要的幼儿,使每个幼儿都能在适宜的环境中获得发展。例如在手工活动中,老师可以提供难度不一样的材料,这样有些孩子可以选择有暗示、容易操作的材料,减少受挫感,体会成功带来的自信;有的孩子则可以选择难度大、有挑战性的材料,满足自己的好奇心,体会探索的快乐。

大一班的教室设有一个小小的"加工厂",是孩子们的手工活动区域。一学期下来,去"加工厂"玩的孩子越来越少。张老师开始反思,原来这一学期,"加工厂"的工作一直是做做花之类的,没什么变化。本来就不是所有孩子都有兴趣,加上总是做同样的东西,原来有兴趣的孩子也腻味了。老师发现这一问题之后,想出了一个方案:每隔半个月把"加工厂"设计成一个不同的工厂,"食品店"、"服装店"、"玩具店"……,除了提供常规的纸、油泥等手工材料外,还增加了与这些场景相关的小道具。很快,去"加工厂"的幼儿明显增多,孩子们不仅有机会做各种东西,还可以玩情境假扮游戏,真是不亦乐乎啊!

6. 创设规则清晰的环境,减少不良情绪发生

巧妙运用环境的设计可引导孩子的行为。空间区域大小、单位空间中的人数、路径设计、游戏材料和人数的比例等直接影响儿童的互动方式。空间过于拥挤、狭小就容易导致身体碰撞,资源不足就容易导致争抢,这些都会触发不良的情绪和行为。幼儿的活动场所里还可以贴上一些行为标识,帮助孩子明白规则,控制自己的行为。幼儿虽不能识别文字符号,但通过图画形式的标识,就能够很快掌握教室活动的各种规则。

托班宝宝自我中心意识强,自控能力弱,坚持性差。由于缺乏与同伴的交往经验,宝宝的独占欲望强,在游戏中出现冲突是常见现象,特别是表现在争抢玩具材料上。因此,托班老师要特别注意在材料的投放上提供"备份"。每一种、每一类材料都投放多件,如系扣的、喂豆的、操作用的蔬菜和水果,还有娃娃、餐具、小筐、小包等都要备3—4个。幼儿为玩具争抢哭闹的情况大大减少,更多体验到了共同游戏的快乐。

幼儿园既是幼儿生活和学习的环境,也是教师工作的环境。如果幼儿园的内外环境井然有序、方便自如,教师在工作的时候也会心情愉快。幼儿教师的情绪状态对幼儿有着直接的影响,所以在幼儿园环境创设中也要充分考虑教师工作的需要,尽可能合理利用空间,设计最短路径,降低教师工作的体力劳动消耗,提高工作效率。在幼儿休息时,也给教师提供了舒适的休息区域,让教师也有一个缓解疲劳、积蓄精力的缓冲地带。

实践反思

1 请组成5—8人的讨论小组,进行头脑风暴,讨论在环境创设中有哪些方法和措施可以促进儿童的心理安全感和积极情绪的建立。讨论结束后列出一个清单。

2 走访几个幼儿园,看看它们是如何创设室内和室外环境的。仔细观察和思考,分析哪些方面有益幼儿的心理健康,哪些方面存在潜在的不利因素,如何改进。拍摄一些照片,提供给小组讨论。

3 幼儿园环境创设如何在充分考虑幼儿需要的同时,兼顾教师的心理和生理需要?请在小组中讨论,并提出一个设计方案。

第三节　创设自由多彩的乐学园

环境是重要的教育资源,幼儿的大部分学习活动是在环境的潜移默化中进行的。环境是隐形课程,是潜在的老师,因为它在无形中调节幼儿对外部世界的感知和互动方式。适宜的环境能够激发幼儿对事物探究的兴趣,鼓励各种尝试与体验,让孩子在自信、自主参与的各类活动中,享受学习的过程。苏霍姆林斯基说过:"一所好的学校,连墙壁也会说话。"因此,幼儿园的环境创设不是简单的绿化和美化,也不是硬件设施的升级,它更需要幼儿教师对时间、空间、材料、人员的统筹设计与合理安排,为幼儿营造开放、自由、丰富的学习环境。

话题聚焦

镜头一

大四班最近的墙面设计主题是"中国娃",配合最近开展的同主题活动。主题墙上贴着全班小朋友带来的从网上和杂志上收集的各种图片。课间,一群小朋友围在老师身边看这些图片。嘉嘉说:"把我们自己的照片都带来展览吧。"一旁的其他小朋友兴奋起来,都说好。于是,孩子们纷纷把自己的

家庭生活照、风景照、旅游照、艺术写真照带到了幼儿园。这些照片怎么摆放呢？孩子们七嘴八舌地说要摆这要摆那的，于是他们自己选了喜欢的地方并贴上了照片。活动间隙的时候，大家都喜欢到这里来相互欣赏、议论。

孩子们每天都来这里围着照片欣赏、议论。一段时间以后，他们发现了问题，觉得照片摆放得有些凌乱，不美。有的孩子说："我家的照片都有相框，这里的照片没有，不好看。"老师问孩子们："那我们怎么才能解决这些问题呢？""我们重放。""我们给照片加上相框吧。"小朋友们七嘴八舌地说。"可是用什么来做相框呢？"老师又问。大家都回家和父母讨论最好的制作方法，还把做好的带到幼儿园给老师看。最后，经过大家比较、议论，选了一个又好看又省事的制作相框的方法。于是，活动课上大家一起动手。不一会儿，各种各样、五颜六色的相框都制成了，于是，主题墙上出现了许多的集合圈。

在欣赏的过程中，老师问小朋友："为什么要将这几张放在一起？为什么要将那几张放在一起？"渐渐地，孩子们发现照片看起来也有相似的地方：比如有的都是在海边，有的都是在动物园，有的都是在游乐场，有的都是艺术写真照，有的都是风景照，有的都是一家三口全家福……他们自然地把相同的一类放到了一个相框。于是集合圈内的照片被分类了。

在同一类型的照片中，小朋友又发现了一些不同点，"老师，海边有男孩，有女孩。""这儿有大人，有小孩。""这儿有的是三个人，有的就是一个人。""这都是风景，可不在一个地方。"这一发现立刻萌发了孩子们的记录欲望，于是老师提供了记录单，大家随时将自己的发现用已学过的分解方法记录下来。

一些原本毫无关系的照片，在主题墙上引发了孩子们这么多的话题，孩子们由分散到集合，由集合到分类，再由分类到分解，在与墙饰的互动中，他们不知不觉将自己已有的数学经验运用到了生活中了。

1 你是如何理解"墙壁也会说话"这句话的?

2 案例中的大四班老师是怎样让幼儿与主题墙进行互动从而促进儿童的学习的?

3 你觉得还可以通过哪些途径让幼儿园的墙壁与幼儿产生有意义的互动?

◆ 细节透视

1 大四班的老师充分认识到:环境只有在与幼儿产生互动后,才可能发挥其教育功能。如果墙面只是静态的,只有展示和装饰的作用,它对幼儿的教育促进作用就十分有限。大四班的老师巧妙地让主题墙与幼儿之间展开了"对话",让幼儿通过参与设计和布置与墙面产生互动,获得有益的经验与能力。互动过程中新的问题不断被激发出来,为持续的对话提供了空间和余地,使得幼儿与环境的互动不断得以深入和延伸,获得了丰富而深刻的学习体验。

2 在整个互动过程中,幼儿一直是活动的主体。大四班的教师尊重幼儿在教育中的主体地位,没有独揽环境创设的主动权,而是以顺应的态度为幼儿提供了一个实现自己想法的空间。她们敏感且及时地发现了幼儿的兴趣点,充分给予幼儿发现环境、享受环境和在环境中学习与成长的权利,促进了幼儿活动中主动性的发展。她们允许和鼓励幼儿按照自己的经验布置和调整环境,让幼儿成为活动环境的主人。

3 大四班的教师准确地把握好了自己在创设环境活动中的角色定位,成为幼儿学习和活动的合作者、支持者、引导者,使得幼儿与主体墙的互动真正成为一次有意义的学习活动。在整个活动过程中,教师密切关注幼儿的表现,倾听他们的想法,敏锐地觉察幼儿提出的问题、困惑和需要,及时给予适当的支持、引导和帮助,与幼儿形成合作探究式的师幼互动。这种"影子"老师式的不动声色的引导,使活动没有流于形式上的热闹,让幼儿在不知不觉中完成了有目的的学习。

4 大四班的老师采用的策略十分灵活,她们没有按照自己事先设计好的思路,将幼儿引导到特定内容的学习上,而是依据幼儿在活动中表现出来的需要、愿望、想法,积极做出回应,随机应变地将学习的焦点集中到集合、分类、分解的数学概念上,让儿童在兴致勃勃、热情高涨地发现问题和解决问题的过程中一步一步地完成了这些数学概念的学习。

镜头二

　　机关幼儿园增设了一个分部，大班的三个班级迁往分部。分部的教室比原来的教室小，开展课堂活动时空间有点局促。老师们就开动脑筋，将活动室和卧室的布局改变为开放的幼儿游戏活动室和操作活动室（午睡小床设计成翻板活动床，又可作为操作活动室的分隔橱）。同时，改变了由原来两位老师轮流组织一个班 25—30 名幼儿的带班方式，尝试进行分组分室的教育，两个活动室同时开放，两位教师同时进班，分别组织 12—15 名幼儿活动。这样一来，幼儿游戏活动空间扩展了，选择的内容更丰富了，活动和交往的机会也增加了，分组分室的设计为老师观察、了解、个别指导幼儿提供了更多的时间保证。分部的户外运动场地也比较小，老师们为三个班级制定了轮流进行户外运动的三套活动时间表，减少了幼儿的等待时间，避免了因活动空间和玩具的不足而产生的矛盾，使幼儿在有限的物质资源条件下，得到充分的运动空间、时间和密度。

◆　**定格思考**

　①　机关幼儿园分部的老师们在环境创设的哪些方面的做法有助于促进儿童的学习？

　②　你所在的幼儿园有没有类似需要调整的环境？

◆　**细节透视**

　①　大班老师在教室活动空间的改造和室外活动时间表的设计上体现了让环境为幼儿提供更多学习机会的理念。良好的幼儿园环境不仅给儿童带来积极的心理体验，更重要的是可以创造丰富的学习机会。活动场地和资源是直接影响儿童对活动的

参与和体验的。场地开阔、材料充足、活动类型多样,可以确保每个孩子都能自主地、充分地参与到游戏和交流中,从各种实际操作和体验中完成认知、社会、情绪、运动等各个层面的学习。

2 良好的环境还能起到调节儿童行为的作用。对时间表的设计也是环境创设的一部分,因为这直接影响到空间环境的使用。活动场地上停留的时间、活动空间的人数都影响儿童与环境互动的充分程度。大班老师通过对常规活动时间的合理安排、有效地控制有限活动空间的人数,可以避免儿童之间因争夺场地、器材而产生的不良行为,降低安全隐患。

3 实验幼儿园大班的老师们巧妙地运用家具的多功能性,通过功能区域的转换拓展了教室活动空间,为幼儿游戏活动的开展创造了条件。他们的经验还告诉我们:环境的好坏并不取决于场地的大小和硬件条件的优劣,只要肯动脑筋,因地制宜,就可以为儿童创造出良好的环境。

行动方案

1. 创设限制最小的环境,促进儿童自主学习

在环境创设中,应遵循"最小限制"原则,尽可能让幼儿在活动场地上独立活动,自主选择,自信创造。儿童只有通过建构而不是教导才能更好地获取知识,因为儿童需要通过动手操作、感官体验以及自主性探索获得知识。教师要善于鼓励幼儿,给幼儿提供各种可能的机会和条件,让他们说出自己的想法,为他们提供自我表达、独立思考、敢于尝试与创造的一切环境,使之由盲目的主动和独立活动逐步转变为有目的的主动和独立活动。

幼儿园设施、家具、用具和材料的设计和选择要符合儿童的发展水平,尽量让幼儿不需要成人的帮助就可以完成一系列操作,满足幼儿自主学习的需要。橱柜应高度合适,物品应取用方便、容易整理与清洁、不易损坏,这些都可以促进幼儿参与活动的自主性,减少不必要的受挫感。容易弄脏的活动,如绘画、玩泥巴等,应配备围裙、护衣,并采用其他的防护材料,确保幼儿在活动时不会因为怕弄脏衣服或场地而缩手缩脚。

这类活动应安排在靠近水池的地方,便于幼儿及时清洗。在户外活动场地铺上软性地砖,鼓励幼儿放大胆子去奔、跑、跳、爬,体验各种运动方式。

在娃娃角区域内,大二班的五个小朋友在玩抢救伤员的游戏。由君君为队长组成的120医疗队在忙着抢救海啸中受伤的病人。他们接待的第一个伤员是小兔,因为小兔伤势比较严重,于是几个"医生"一起上,有的给小兔接氧气,有的给小兔打针,小小则在给小兔做电击。我问他:"你这是在干什么呀?"他说:"这是最有效的抢救方法,我在电视中看到的,一般在伤员最危险的时候就用这个方法。""真不简单!"这时,又有几个病人被送过来了,老师也加入了他们的抢救队伍。小朋友见老师参加了,都高兴得跟什么似的,劲头更足了。他们安排给老师的任务是接听电话。这时,又送来了一个危急病人,好像连呼吸也没有了。小医生们开始议论纷纷:"陈老师,是不是他已经死掉了?""不会吧?看看他还有没有气?""先听心跳!有心跳就说明他还有气!"于是,他们有的捏捏娃娃的脸,有的推推娃娃,有的用听筒听娃娃的心跳……在老师的引导下,又一次抢救行动忙碌而有序地进行着。在活动结束时,老师表扬了孩子们的120医疗队:因为有了大家的合作和团结协作的精神,才能将这么多的伤员抢救过来。小朋友们初次经历了救死扶伤的过程,也尝试到了成功后的喜悦,小脸上个个都洋溢着幸福的微笑。

最小限制也包括老师干预的最小化。大二班的小朋友游戏完全是自发的,陈老师在这次活动中充当的角色不是管理者、指挥者,更不是机械的灌输者或传授者。老师不是告诉幼儿该做什么,该怎么做,而是作为一个互动环境的创造者、交往机会的提供者。老师在与幼儿一起游戏的过程中,不是流于表面层次的互动,而是深入有效地参与活动。在活动中充分尊重幼儿的主体地位,放手让幼儿主动学习和探究,在幼儿寻求指导时老师才适时地给予引导和帮助,鼓励幼儿自身主动地学习,积极地建构自己的知识储备。因此,老师在环境中应该成为一个支架,而不是框架。

2. 创设自然的环境，让孩子通过真实生活体验学习

自然的环境是指真实地反映自然界或生活的环境。儿童对自然界的花草树木、山石水土、猫狗鱼虫有一种本能的亲近。自然环境中没有人为建筑框架的约束，能够让儿童感到自在和放松。自然界的事物丰富多彩、变化多端，特别容易吸引幼儿，满足他们的好奇心和探索欲。在自然的环境中，幼儿与周围事物的互动会应景而生，在潜移默化中就能受到教育。儿童充满欢乐地去观察、模仿、探究、实验。在这些活动过程中，幼儿的心智可以得到充分的发展。因此，有条件的幼儿园应尽量保留充分的户外场地，可以在户外铺设草坪、种植鲜花和树木，为幼儿观察大自然、开展体育活动提供充足的活动场地。

第一幼儿园为每个班级开辟了一小块种植园，种植了芹菜、白菜、萝卜、番茄、丝瓜等各种蔬菜。孩子们特别喜欢，放学后都要在种植园逗留很久。他们在老师的带领下，通过播种、浇水、施肥，了解到了植物生长的过程，体验到了耕作的辛劳与收获的喜悦，而且还品尝到了自己的劳动成果。

反映真实生活的环境也是自然的环境。当幼儿园的活动情境与孩子每天接触和体验的实际生活环境紧密贴合时，幼儿在幼儿园接收到的信息就能与他们头脑中已有的经验联系起来，幼儿就能更加兴趣浓厚地做出反应，积极投入互动，生成新的经验和能力。

幼儿园内部的环境是一个相对封闭的小环境，如果打开大门，把孩子带出去，或者把外面的资源引进来，幼儿的学习环境就可以得到延伸和扩展。孩子可以在街头巷尾、社区公园、商店餐厅等鲜活而熟悉的生活场景中观察、体验和探索；不同职业、不同年龄、不同文化背景的人可以被邀请到校园里，丰富幼儿对外部真实世界的认知。

3. 创设"会说话"的环境，让孩子通过与环境的互动来学习

要想环境生动起来，就要采取一些灵活的策略。首先，要让环境有生机、有生命力、有弹性，且根据主题的变化、幼儿的需要及时进行修正，并鼓励幼儿在活动中根据自己的经验调整环境，从而实现幼儿与环境的互动，使他们在创设环境中成为构建自

己知识的主角。其次,要创设有挑战性的情境,在确定的主题中包含一些不确定的因素,让这些不确定性给幼儿带来问题,引发他们思考和探索。第三,材料的选择是低结构、多功能的,幼儿有机会用同一种方法作用于不同的材料。最后,就是在创设的过程中,要让空间的安排、材料的选择,以及每一个事物都能传达沟通的意图,形成人际交流的氛围,让墙壁在与幼儿的对话中协助幼儿之间的交流与互动。

  有一个乡镇幼儿园,环境并不好,没有豪华大厅,只有一个狭小走廊,每个班的孩子都要经过走廊。一天,中二班老师带着孩子们折纸青蛙,折好后问孩子们:"你们想不想把折的纸青蛙卖掉换成园币呢?"(注:园币是幼儿园孩子进入区角活动的凭证。)怎么卖掉呢? 得先贴海报。海报上写什么呢? 孩子们开始商量:有的说得写上卖纸青蛙;有的说得写出纸青蛙有什么用,比如是能跳的;有的说还不够,还得写上为什么好玩,比如可以两个人一组比赛看谁跳得快,还得写上可以有几种玩法;还有的孩子强调得标上价格。全班商量多少钱合适,最后说定3块钱合适,因为幼儿园别的什么东西是多少多少钱。有的还说得写上是中二班卖的,还得写上老师的电话。全商量完就开始写海报。老师拿来一张大纸,孩子们会写哪个字写哪个字,不会写的,老师在黑板上写出来,孩子们照着样子歪歪扭扭地写在海报上。还有不会写但会画的就画出来。最后,一张有着孩子各种不同手笔的大海报就完成了。接着,就派两个孩子拎着浆糊把海报贴到外面的墙上。中二班老师告诉大一班老师说:"我们弄好了,你带孩子们去吧。"

  大一班老师领着孩子们经过走廊,问道:"你们看,今天墙上又有卖什么的?"孩子们一看,太难懂了。老师就帮助孩子读下来,弄明白了是怎么回事。老师问:"你们想不想玩跳青蛙比赛的游戏?"孩子们当然愿意! 那就赶紧回去写订货单吧。订货单怎么写呢? 包括什么内容呢? 孩子们一起商量:要说明要多少件。要多少件呢? 孩子们说,一人一件吧。那又有多少人呢? 孩子们开始点数:22个人,要22件。3块钱一件,22件总共需要多少钱呢? 乘法没学过呀。孩子们就一个一个算:3块、6块、9块……孩子们在算的过程中是不是在为乘法积累经验呢? 最后,算出来要66块钱,太贵了! 能不能少点呢?

孩子们商量后决定两人一组玩一个,于是又按"笨"方法算出要11个。确定了订货数还要写明什么呢?还要写明交货日期。几月几日几点几分?这样孩子们就学会了看日历和钟表。订货单写好了,小朋友们将订货单送到了中二班。

中二班接到订货单后欣喜若狂,马上开始加工。孩子们折得特别兴奋,因为眼看着就能"变现"了。做完货后,这边通知那边来取货和验货,公平交易、童叟无欺这里都包含了。大一班取了货回去玩了一下午的跳青蛙游戏。孩子们的这一天特别快乐,还学到了不少东西。

4. 创设会变化的环境,让孩子跳起来摘果子

创设环境的目的,是为了促进幼儿在与环境的交互活动中更好地发展。当环境适应幼儿的特点和需要时,幼儿才会积极主动地去探索环境,在与环境的交互作用中获得发展。随着幼儿经验的丰富,环境也要相应地变化,以激发幼儿探索的积极性、主动性和创造性。环境创设必须不断调整,保持和孩子的发展水平相一致,否则环境的教育功能就会大打折扣。如果环境低估了儿童的能力,孩子就会失去参与活动的兴趣。如大班孩子已经具备了精细动作能力,就可以提供一些半成品玩具或自然材料让孩子自己动手去制作。如果环境超出了幼儿的经验范围,幼儿就只能被动地去适应它。如小班幼儿还不具备良好的社会交往能力和技能,因而"商店"、"银行"等游戏环境和内容就不适合他们。

教师应该对幼儿的活动进行观察、记录和评价。只有认真地、经常性地对幼儿进行观察,教师才可能正确评估环境的适切性,并及时发现幼儿活动兴趣和发展需求的变化。在此基础上,教师能够适时对环境进行调整或改造,通过增减活动区域、改变活动材料投放等,不断为幼儿提供更为适合他们发展特征和兴趣特点的、更能促进他们向更高水平发展的活动环境。

托班的老师们发现,幼儿玩娃娃家时经常是独自游戏,互相交往较少。她们意识到材料是孩子们与教师和同伴进行交往的最好媒介,就给孩子们布置了一个小果园,提供了小推车、生日蛋糕、小药箱等,以丰富宝宝的游戏情

节，引导他们开展交往。于是过生日、买菜、看病的游戏主题就自然而然地产生了。托班宝宝游戏的重复性、模仿性强，这些带主题情节的游戏内容，他们都是百玩不厌的。

随着孩子们渐渐长大，升入中班，老师们又发现了一个问题：教师为幼儿准备的娃娃家玩具，如"饺子"、"汉堡"、"饼干"等，常常被小朋友拆开。刚开始老师们有点生气，批评了那些"手快"的孩子，并告诉全班小朋友不许拆开、弄坏，因为这些玩具都是老师们业余时间一个个精心制作出来的。很快，老师们意识到，这些"不许"大大地减弱了幼儿游戏的积极性。带班老师带着孩子们拆开那些"食物"，让孩子们看看这些玩具是怎么制作出来的，满足了他们的好奇心。老师还让孩子们自己动手做各种食物，虽然孩子们做的歪歪扭扭，但是他们体会到了巨大的成就感。看着孩子们的兴趣如此浓厚，老师们又发起了一项食品工厂创想比赛，放手让孩子们自己去制作"食物"，给他们动手操作和探索的机会。结果，小朋友们的参赛项目五花八门，有的把红、黄、蓝、白等颜料兑到水里，制成"乐百氏"、"雪碧"、"可乐"等各种饮料，有的把纸撕成一条条的"面条"……老师们都惊叹：孩子们是多么富有想象力和创造力！只要给他们机会，他们就会不断给我们惊喜！

5. 创设讲规则的环境，促进孩子社会性学习

要巧妙地运用环境的设计引导孩子的行为。空间区域的大小、单位空间中的人数、路径设计等直接影响儿童的互动方式。过于拥挤、狭小的空间就容易导致身体碰撞，引发不良的情绪和行为。

可以在幼儿的活动场所里贴上一些行为标识，帮助幼儿明白规则，控制行为，养成良好的行为习惯。幼儿不能识别文字符号，但通过图画形式的标示，就能很快掌握教室活动的各种规则。例如，区域可以颜色划分，这样幼儿就可直观地通过颜色归类，把有颜色的玩具箱放回同色的区域。可在活动区入口地面贴上小脚印，告诉孩子们，如果小脚印被鞋子占满，就说明游戏区里已经满员了，不能再进去了。只有当小脚印空出来的时候，才能进入。给幼儿的个人用品贴上标签，孩子们就不会拿错别人的东西了，也减少了摩擦。回收材料的容器可选择透明的，这样幼儿就可看出里面装的是什么,有利于他们选择、取用和收纳。容器上还可加上孩子们能识别的标志,孩子们可根据标志将材料分类、归还。容器还要足够大,让孩子们能够轻易地将物品收纳进去,不需要费力地整理。

一天下午,童童、滔滔和乐乐选择在新开张的"小医院"游戏区活动。他们穿上医护人员的工作服,各自取了医疗器械,开始给"病人"看病,忙得热火朝天。游戏结束时,三个小朋友把听诊器、针管、绷带一股脑儿地塞进了柜子里。一些药瓶、药盒、棉签散落在地上,白大褂、护士帽被塞进了工作盘里。"小医院"凌乱不堪,像经历了一场"大劫难"。

魏老师看见了,她意识到这个区域需要建立一些规则。她找来两个收纳盒,分别贴上器材的图片标签,并在柜子的一侧粘了几个小挂钩,上面贴上白大褂和护士帽的标示。她告诉全班小朋友怎样根据标示把玩具和材料归位。很快,这样做的效果就显现出来了,"小医院"再没有出现过"被洗劫"的景象。

！ 实践反思

1 为了优化环境,给幼儿提供最大化的学习机会,幼儿园准备进行环境创设改革。请你根据你所在幼儿园教室的实际情况,画一幅教室活动区域设计平面图,并简要说明你的设计思路。

2 幼儿园空间小,室外场地有限,怎样才能给孩子多一些机会接触大自然呢?

3 走访一个幼儿园,或结合自己的教学实践,着重观察教室或室外的一个区域,反思一下:这个区域的环境是否给孩子提供了充分的与环境互动的机会? 如果不理想,如何改进? 每人把自己的观察和分析报告带到小组来进行分享和讨论。

《幼儿教师必知的安全应急措施》

作者:杨达

出版社:江苏教育出版社

出版时间:2012 年 9 月

如何让幼儿免于突发事件的伤害?如何让幼儿远离疾病的侵袭?如何将伤害事故对幼儿的影响降到最低?如何保证幼儿饮食的合理与安全?本书总结的幼儿教师必知的安全应急措施,有着很强的科学性、实效性、前瞻性和指导性,帮助幼儿教师在最大程度上实现幼儿的健康成长。

《幼儿园环境创设——区角设计》

作者:周宗清,陈志超

出版社:湖北少儿出版社

出版时间:2010 年 8 月

幼儿园环境是幼儿园课程的一部分。环境就像是一位不说话的教师,默默地发挥着它特殊的、潜在的教育作用。创设幼儿园环境,不仅要考虑其教育性,使环境创设的目标与幼儿园教育目标相一致,同时还要注意环境创设应与幼儿身心发展的特点和发展需要相适宜。本书由专业美术人员设计图案,包括众多幼儿园的实例场景照片、清晰简洁的说明文字、实用有效的制作图例。

《幼儿园区角操作活动 150 例》

作者:福建儿童发展职业学院附属幼儿园

出版社:福建教育出版社

出版时间：2012 年 3 月

　　本书为福建儿童发展职业学院附属幼儿园区角操作活动的成功实践总结，分生活区、语言区、科学区、数学区、美工区等。其中又分具体小、中、大班，共有 150 个操作活动实例，每篇实例均配有相应的图片，直观性和实用性强，对一线幼儿教师有很强的借鉴价值。

《与区域互动：幼儿园区域活动指导》

作者：周蔓

出版社：江西美术出版社

出版时间：2009 年 11 月

　　本书图文并茂，操作性强，是教师想象力和创造力的完美体现。我们期待为您提供参考，开阔思路，引发创新，也愿为幼儿提供的丰富的区域材料成为孩子快乐游戏的源泉。不同的活动区域都成为孩子进步的殿堂，多彩的区域活动成为孩子喜欢的乐园！

《幼儿园环境与设计——墙面布置》

作者：池海

出版社：湖南美术出版社

出版时间：2011 年 8 月

　　幼儿园环境是幼儿园课程的一部分。环境就像是一位不说话的教师，默默地发挥着它特殊的、潜在的教育作用。创设幼儿园环境，不仅要考虑其教育性，使环境创设的目标与幼儿园教育目标相一致，同时还要注意环境创设应与幼儿身心发展的特点和发展需要相适宜。本书是幼儿园环境与设计之一，内容包括自然风格的墙面布置、文化风格的墙面布置、创意手工布置、会说话的墙面布置等。本书主要供幼儿园教师作装饰教室的参考书使用。

第二章

童年有价，幼教有方

孩子的"小"和大人的"大"，不能用欧几里得的空间概念来衡量，因为孩子内心世界的空间比我们想象的要宽广深远，潜存着种种可能性。信任孩子的天性，盼望未知的惊喜，是所有教育的希望所在。别急着在孩子的心灵空间打上格子，填满字母和数字。

第一节　走进童心大世界

儿童幼稚、冲动,总有不切实际、天马行空的幻想和无拘无束、胡言乱语的表达,但这是一个生命走向逻辑、走向理性、走向未来成熟人格的必经之路。所以,幼儿教育者要尊重童年的价值,不可以无视生命成长的自然节奏和法则。老师需要有一颗童心,与幼儿同欢笑、共成长。老师要蹲下身子,用平视的眼光凝望孩子的双眸,去了解他们的内心,倾听他们的声音。老师要放慢脚步,站在孩子身后,让孩子自己跌跌撞撞地去探索,挥洒浪漫与天真。

 话题聚焦

镜头一

幼儿园中班的一次课上,老师选择的主题是蓝印花布。老师问小朋友:"蓝印花布可以做什么?"小朋友的回答五花八门:"可以做新衣服","可以举行婚礼","可以做成蹦蹦床在上面跳来跳去"……有一个孩子说:"我想给它做成一艘船去航海。"老师听到这话就说:"你想一想,布能做成船吗?"停了一下,老师进一步说明:"布是不能做成船的,会沉下去的。"

另一次课,老师给小朋友讲了一个故事:大雪过后,冬天的早上,小动物出来散步,大公鸡出来了,小白兔也出来了,它们用自己的脚在洁白的大地上

画出了美丽的图画。大公鸡画出了竹叶片片,小白兔画出了梅花瓣瓣。大致的情节讲完了,老师问孩子们一个问题:"你们知道吗？大公鸡和小白兔都出来了,青蛙和蛇为什么没有出来？"有小朋友回答:"蛇和青蛙没有毛衣服穿,冬天冷,因此就在家里不出来了。"老师对这个答案不满意,就说:"不知道就不要乱说。还有谁知道正确答案？"小朋友一下子安静下来,都不说话了。老师看小朋友都不说了,就自己解释说:"我告诉你们:蛇和青蛙是冷血动物,冷血动物冬天是要冬眠的,冬眠的动物冬天怎么可能出来散步呢？知道什么叫冷血动物吗？"小朋友们大眼瞪小眼,很茫然。老师接着说:"好好学习,长大了就知道了。"

美国的一位幼儿园老师薇薇安,在她职业生涯的最后一年,和另一位老师妮莎合作带一个有十个孩子的班级。这个班级有一个气质独特的黑人小女孩,这个五岁的女孩名叫瑞尼,总喜欢拿棕色的蜡笔画画,爱思考,擅表达,颇有主见。瑞尼迷上了绘本作家李奥尼的图画书,尤其喜欢其中一本书的主人公——田鼠阿佛,她的痴迷点燃了班上所有孩子的热情。薇薇安看到了,深受震撼,决定做一个前所未有的尝试。她非常慎重地、不露痕迹地把指挥棒交给了瑞尼,让她引领大家踏上绘本阅读之旅,读了一年李奥尼的书。这一年中,孩子们做了很多相关活动:画海报、做手工、和作者通信、表演绘本剧、绘制自己的图画书、讨论和分析书中探究的真理以及作者乐于分享的秘密。

有一天,薇薇安和小朋友一起阅读《蒂科与金翅膀》。这本书的大致情节是:蒂科是一只没有翅膀的小鸟,不过朋友们都爱他,悉心照料他,直到有一天,蒂科得到了一对金翅膀,朋友们却不愿意接纳他了。蒂科把金翅膀上的羽毛一根根送给需要帮助的人,换回黑色的羽毛,朋友们又心满意足地接纳了他。

薇薇安一向很注意不让自己的喜好主导孩子们的想法,可这次她无力隐藏自己的感受,忍不住说:"可怜的蒂科！用那对金翅膀,他本可以飞得更高,看见在低处看不到的风景的呀！"

"可是他的朋友们不喜欢。"乔说。科芮也补充说:"他太自私了,有那么多金羽毛。"

"他可以把金羽毛分给朋友们。"安妮塔想了想说,"然后——"

"还可以给穷人——"

"他自己可以留两根——"

"他不能显得太特别。那样不好。"

薇薇安看着瑞尼,"你怎么想?"

她站起来,分享了她的想法——在打算严肃地讨论一件事时,她总会站起来——"蒂科将自己的金羽毛全都送人了,是因为他想让大家不要再讨厌他。他想要朋友。因为他的朋友们都说:'我不要跟你做朋友,别以为长了金翅膀就了不起。'可是你们想没想过,他其实没觉得自己有多了不起,只是他的朋友们这么认为。"

薇薇安高兴得几乎要晕过去,但她只是不动声色地追问:"所以说,朋友们对他很不公平喽?"

瑞尼扬起眉毛,说:"当然不是! 因为蒂科了解他们的想法,所以拔光了自己的金羽毛送给穷人,这样穷人可以换点东西,他也能重新回到朋友身边。"

"这很重要么,回到朋友身边? 难道不能既拥有金羽毛,又拥有好朋友吗?"

一阵长长的沉默后,瑞尼微笑着说:"我的意思是他当然可以这么希望……可是如果他的朋友们不喜欢,就不行。不然,他会变得很孤独。"

"可是阿佛呢?"薇薇安不甘心,"没人要他变得和别人一样,别去思考什么词语、颜色啊。"

"他们是另外一种朋友。"瑞尼简单地回答,"蒂科没有这种朋友而已。"

"蒂科的朋友们不在乎他是不是高兴。"瑞尼说。

不过,瑞尼向前迈了一步,说:"他们只是不喜欢他高兴过了头。"

◆ **定格思考**

1 这两个案例都是关于讲故事的,老师在做法上有什么主要区别? 为什么会有这样的差别?

2 你认同薇薇安老师的做法吗? 为什么?

◆ **细节透视**

① "蓝印花布可以做什么?""青蛙和蛇为什么没有出来?"这原本是很好的问题,可以让孩子发挥想象,发展他们的童话思维,可是到头来老师的回应却局限于"布是不能做成船的"、"青蛙和蛇是冷血动物"这种理性的常规思维定式,并否定了孩子的创意,实在是太遗憾了!幼儿教育需要关注儿童内心的情、意、愿望的抒发与表达,而不是外在规范的束缚和压制;需要用在活动当中的好奇与发现、联接与想象来取代现实当中知识的灌输;需要追求感性情绪的释放和满足,而不是沉浸于符号世界的逻辑推演和所谓科学理性的精确解答。

② 薇薇安老师是整个绘本共读活动的幕后策划者,但她把整个舞台交给了学生,虽然他们不过是五六岁的娃娃。她对瑞尼特殊兴趣的捕捉和支持,是这个美妙事件发生的前提。她又在每个重要的环节进行适时的推动,制造了一个个奇迹发生的契机。她自己也在舞台上,完全以一个真实的个体来配合引领者:真实的困惑,真实的感悟,实实在在的成长。当孩子们不断借助绘本创造的想象世界不断挖掘到如金子般的真谛时,就好像一朵朵智慧之花在争先恐后地开放。最奇妙的是,薇薇安好像什么也没有做,一切如此自然地就发生了。这不正是老子所说的"处无为之事,行不严之教"么?薇薇安老师起到了真正的教育家的作用。

③ 这两个案例的最大区别在于,前者的目标是儿童知识的学习,后者的宗旨是儿童心灵的成长。前者是老师主导的提问,期待的是儿童规范的回答;后者是儿童自发的探究,希望的是儿童智慧的开启。薇薇安老师提出的问题不是简单的"是什么",更多的是"为什么"。她有自己的喜好和看法,但她小心地避让着,不让包裹在成年人庞大躯干中的主张占据儿童思考的空间,阻挡他们探寻真理的道路。

镜头二

小班开展美工活动"手指点画——小蝌蚪"。王老师按照事先设计的教学步骤和操作程序先做示范:右手食指蘸黑色颜料后轻轻按压在白纸上,用小毛巾擦手后拿起画笔添上蝌蚪的尾巴。然后王老师请个别幼儿上台示范,

---

让所有幼儿巩固新知识。

　　沫沫按照王老师的要求示范后没有回座位，而是拿起画笔在纸上画了一个空心的憨态可掬的小蝌蚪。他颇有点得意地说："老师，我喜欢这样画小蝌蚪。"王老师看了一眼，淡淡地说了一句："不错。但是我们今天先不画你这样的，先画老师这样的。"

　　小朋友们开始作画。小麦按老师教的方法画了两个小蝌蚪以后就想出了一个新法子：她右手按完后，没有擦手，而是用左手拿画笔添上小尾巴。可能是左手握笔的缘故，小尾巴细细的，歪歪的，童趣十足。她摇头晃脑地欣赏了一下，接着画。她连续用右手按了好几个小蝌蚪，每一个方向都不一样，然后她用毛巾擦净小手，抓起画笔一口气给所有小蝌蚪添上了尾巴。小麦第一个完成了作品，她兴奋地拿去交给老师。老师看了看，说："嗯，你画得很好，很快，不过这个小蝌蚪的尾巴有点太细了。下次要认真点，一个一个慢慢画。你看，其他小朋友画得多认真啊！"

　　孩子："老师，我们今天要做什么？"
　　蓝老师："画画啊。"
　　孩子："我们画什么呢？"
　　蓝老师："我怎么知道你今天会画出什么呢？"
　　这不是蓝老师一时的搪塞，而是他真实的期待。他觉得，教室就像实验室。老师和学生每个人手上都有一根试管，谁也不知道奇迹会从哪一根试管里冒出来，或者到底有没有奇迹。

　　小如画了一只兔子，这只兔子耳朵不长，看起来像猫咪，而且脸上还沾了很多羽毛，猛一看像猫咪的胡须。小如旁边的诺诺说："你画的不是兔子，是猫。"小如不高兴了，坚持说是兔子。蓝老师看见了，走过来仔细端详小如的画，说："我看这是只兔子。这只兔子很特别，它的耳朵是短的，像猫咪，很好看，很可爱。"小如笑了。蓝老师接着说："这是一只有猫咪耳朵的兔子，我们把它叫做'猫咪-兔子'，好不好？"小如连连点头说："好！"

◆　　**细节透视**

1　王老师的这节美工课完全是从自己的角度设计和展开的,老师强调了自己的权威,要求儿童按自己的要求作画,忽视了孩子的主体性,抑制了孩子主动创造的积极性。沫沫和小麦没有按照老师的要求画小蝌蚪,体现出了儿童的想象力和创造力,难能可贵,理应得到重视和鼓励,而老师却视而不见,甚至故意去压制。这样的做法会挫败儿童的积极性,久而久之可能会扼杀儿童的创造力,禁锢儿童的思维,使儿童习惯于听从他人要求,缺乏主见。

2　蓝老师以一种谦逊的态度对待儿童,他信任孩子的创造力,慷慨地给孩子提供自己探索的空间,真诚地期待孩子们自由创作的成果。在他看来,一堂课是一个过程,是一连串探询、尝试和实验,没有既定的要去传授的内容,最后的作品只是探究过程的一个副产品,不管对教学者或者是学习者来说都是如此。因此,蓝老师每次上课都和孩子们一样充满着对未知结果的好奇和兴奋,兴味盎然。

3　对于孩子们的作品,蓝老师没有套用成年人的固有模式去评价,而是小心地呵护孩子们的想象与创造潜能。蓝老师对绘画等艺术创作的本质有着深刻的认识:绘画或其他艺术作品不是对现实的复制,而是产生新的物体。画纸上用色彩、线条制造出来的图像,无需与现实对应。所以,这幅画是兔子还是猫并不重要,只是个名称的问题。然而名称常常会束缚我们的思维,于是他选择用重新命名来对抗思维的僵固、石化。给作品取个自己的名字,而不沿袭现实物体的旧名字,解除了像与不像的钳制,可以更好地鼓励儿童不受约束地表达自己的体验和想法,儿童的想象力和创造力自然会释放出来。

行动方案

1. 蹲下身子,细细看,静静听

一位儿童发展心理学教授曾在一项实验中请幼儿园的小朋友画一幅成年人的像,有一个孩子的画纸上只有一个大圆,大圆中间并排有两个小圆。教授问:"能说说你画的是谁吗?"孩子说:"是大人,这个大圆是脸,两个小圆是鼻孔。"教授恍然大悟:原来这是孩子站在成年人面前仰视所看到的画面。当孩子只能看到鼻孔时,他感受到的是成年人庞大的身躯、粗壮的四肢,和扑面而来的震慑力。当成年人用鼻孔对着孩子时,就看不到孩子的眼神,也听不到孩子细弱的声音。

蹲下身子,不仅仅是个姿态,更应是一种对儿童由衷的尊重和渴望了解的意愿。德国哲学家雅斯培说:"儿童常常用最简单的问题,问出最复杂的意义。"幼儿喜欢用"为什么"连续发问,一连串的"为什么"会使学识丰富的成年人都不得不谦虚起来。因为很多人对于"为什么"这个问题已经麻木,只有在儿童不折不挠地追问下,才会发现自己对很多事情并未洞悉,需要重新思考。可是儿童的提问常常很危险,因为成年人很少有能力好好地回答。如果孩子一问再问,成年人多半会恼羞成怒,一声棒喝,非把那些"为什么"吓得缩回去不可。事实上,"为什么"这三个字就是孩子学习与思考最重要的工具。要做一个生命力丰富、生活有趣的人,可以有许多方式,但是总少不了要学会以有趣的方式,提出"为什么"这个追根究底的问题。在这一点上,正是成年人需要向儿童学习的。

所以,不要小看童年的价值。儿童不仅自己在思考、在成长,他们的存在也让成年人有机会领略奇特的视角、绝妙的联想和直白的洞见,有时会让你吃惊得连赞美的话都说不出。

> 一群小朋友在厨房做蛋糕。当孩子把一个鸡蛋打在碗里时,一个孩子惊呼:"打破一个蛋,出来一个月亮。"老师问:"那打翻一碗糖水呢?"小朋友说:"扫出来一群蚂蚁。"一不小心,一只碗掉在地上,老师说:"拿个扫把扫一扫。"有个孩子说:"打破一个碗,出来一个扫把。"一个男孩骑着扫把回到厨房,说:"拿一个扫把,出来一个巫婆。老师,我是男生,男生可以是巫婆吗?"
>
> 如果把孩子们的话连起来,是不是一首诗?

童年是一种无知无畏、无拘无束、充满无限可能性的状态,幼儿教育不是要塑造和改变,而是要守护和捍卫儿童的天性。人性的缺失、精神世界的空洞和孤独,某种意义上来讲就是因为想象在缺失,诗意在缺失,浪漫在缺失。所以在幼儿教育里,不能只满足于孩子掌握知识的多少、孩子用餐水平的高低,却忽略了孩子内心世界的饱满与充实、人性善良萌芽的启蒙与感化。

> 　　大班的方老师发现孩子们经常趴着玩滑梯,还从滑梯下往上爬。看到这样的情景,方老师心里有些紧张,她叫住那几个孩子,问他们为什么要这样玩。孩子们说:"坐着玩,滑得慢。趴着玩,滑得快。滑下来再直接从那里爬上去,觉得很好玩,而且不用兜个圈再走上去。"方老师又观察了一下,孩子们讲的还是有一定道理的。他们发现了阻力的存在,坐的阻力可能比趴着的阻力大。方老师没有批评这些孩子,但为了确保安全,她教给幼儿自我保护的方法,孩子们高兴极了。他们再玩滑梯的时候,有的把头往上抬,有的用手捂着嘴,以防磕着,有的则在旁边作监督员,不许后面的小朋友推前面的人。滑滑梯秩序很好,孩子们玩得也很开心。

　　方老师的可贵之处在于她问了"为什么"。她赏识幼儿的能力,从而更好地发掘了幼儿的潜能。幼儿老师一定要学会问"为什么",尤其在你想要真正了解一个孩子的时候。老师的"为什么"不一定是嘴巴里问的,更多的可能是要靠眼睛来探询的。因为有时孩子的行为比他们的语言更能准确地反映内心。

　　"细细看"就是用眼睛来寻找"为什么"的答案。这两个"细"字,一指细致,二指耐心。每个幼儿都值得我们去细致观察和深入了解。老师要像挖宝藏一样,去寻找孩子们身上的闪光点。每个孩子都像一本书,需要边阅读边思考。观察到的行为或现象,老师要问一问"为什么",努力去理解孩子这么做的原因。老师的童心,不是表现在能歌善舞上,而是在于是否真正体悟到了儿童的内心,能像儿童一样对万物保持好奇心和探究欲。

　　成年人在和孩子谈话时,面对他们的表达,有时做被动的了解,有时做主动的想象,但是很少把孩子的话当成朋友的话来听。幼儿教师更觉得要不负教育者的使命,急切地想教孩子一些东西。因为要教,所以对话就变成了说服,教育就成为了说教。我们在听到孩子的话时,常常会下意识地作一系列的判断:用词恰当吗?语法对吗?价值积极吗?他有什么要求?这个要求合理吗?如果这些批判性的问题占据了我们的心思,那么儿童诉说里的幽默、字里行间里所呈现出的细微反应和潜在信息就被忽略了。

"静静听",是幼儿教师必须做到的。孩子的话常常是有道理的,只要我们肯认真去听。它的意义,只有在我们富有同情和愿意了解时,才会彰显出来。

2. 身在其中,多多玩,慢慢教

事物或概念的意义,并没有什么究竟可言,它们的意义必须要跟其所涉及的活动结合起来才能呈现。孩子是社会的新成员,他们对万物的理解都要通过"做"来完成,而且他们做许多事情都没有实用的意图,常常看似没来由、无厘头、瞎忙活。当他们看到一个新的规则、一种新的意义取向时,并不像大人那样只存在大脑的档案里,而是立刻拿来用一用,试验一下。儿童的这些举动是自发的游戏,而这正是他们学习的主要方式。幼儿教师要善于发现这种游戏,顺水推舟地创造一种游戏的氛围和环境,并主动参与其中,向新鲜的心灵再一次学习勇于尝试、善于想象的特性。

> 皮亚杰的研究中有这样一个例子:一个小孩在数石头,他从前向后数,1、2、3、4……是十个。再从后向前数,1、2、3、4……还是十个。他再把石头排成一个圈数,1、2、3、4……又是十个。于是他得出了一个结论:石头怎么排列,怎么数,数目都是一样的。孩子从看似无意义的摆弄中,获得了一个重要的意义。

要允许孩子多多地玩,允许他们把同样一堆石子用不同的方式数一遍,允许他们用自己喜欢的方式去探求这个世界的奥秘。当孩子在游戏中乐此不疲时,眼里闪烁的都是喜悦的、求知的、兴奋的、紧张的、沉浸的、专注的目光。只有在这些时候,学习才真的发生。学习是什么,只不过是我们大脑里面神经细胞在建立联系。学习是让我们原来连接不到一块的神经细胞连接在一起,只有在沉浸、喜悦、专心致志的时刻,这些联系才能真正地发生。如果孩子的表情都是木然的、无聊的、走神的、呆板的,一听说要提问就变成焦虑的、紧张的、害怕的、回避的,那么,在这些表情下,学习很难发生。

有一个著名心理学家做了几十项实验研究,总结出共同的道理:人在消极的情绪里只做两件事,一是回避(走神也算回避);二是攻击。消极情绪有一种自我保护的功能。你吃了一个难吃的东西,你会产生厌恶感,吐出来,以后再不吃了。同样的道理,如果幼儿园的课堂上总是用那些孩子不感兴趣的东西去组织教学、施加压力、强调竞争,则会让很多孩子感觉到消极情绪,于是就形成了对知识回避的态度。要让幼儿多多地玩,让他们兴奋起来,情绪高涨地投身游戏之中,教育就可以事半功倍。

慢慢教,就是不急于把现成的知识灌进孩子的头脑,而是要把我们想让他学的东西,变成他想玩的东西,让孩子在游戏中慢慢地体悟和成长。这个过程快不了,但是孩子们在游戏中积累的真实体验会让他们在今后的学校学习中学得更快,掌握得更牢固。第一章的案例中,有一个幼儿园老师带着孩子们折纸青蛙、卖纸青蛙的故事,孩子们在游戏过程中有没有学到东西呢?学到了。在孩子们兴高采烈、手忙脚乱地写海报、看海报、算价格、下订单的过程中,识字、阅读、查数、计算都用上了,孩子们有了这样的经验,将来正式学习时就不难了。

> 大班开设幼小衔接课程,怎样才能让汉语拼音的学习不枯燥呢?老师们动起了脑筋,设计了一个有趣的游戏——哨兵和小桥。老师是哨兵,孩子们来过小桥,哨兵会问口令,口令是一个音,你要能拼出一个含有这个音的另一个音出来。例如,哨兵出 a,你拼 ma 或 da,只要含有哨兵给出的音就能过桥。玩了几次,孩子们就能摸出拼读规律了。老师们再把游戏进一步发展,给出复韵母 eng,只要孩子们拼出 beng 或 meng 就行了。虽然小朋友不知道什么叫声母、韵母、单音、复音,但是这些游戏都能完成,孩子们没感觉到在学习,而实际上学习已经发生了。带着这些经验上小学,孩子们学拼音就易如反掌了。

根据维果斯基的观点:三到六岁的教育的全部技巧就在于成年人怎样把他想让孩子干的事变成孩子想干的事。一个幼儿教师好不好,素质高不高,技能强不强,就在于你有多少能力把你想让孩子干的事变成孩子想干的事。教育研究者提出了"七个一点"策略:

给幼儿一点空间,让他们去发现自己;

给幼儿一点权利,让他自己去选择;

给幼儿一点问题,让他自己去找答案;

给幼儿一点困难,让他自己去解决;

给幼儿一点机会,让他自己去表现;

给幼儿一点想象,让他自己去创造;

给幼儿一点激励,让他自己感受成功。

3. 站在身后,紧紧跟,默默帮

站在身后,意味着老师应尊重孩子的自主性,尽可能提供机会让儿童自己选择和生成游戏,按照自己的意愿学习,不要过多地干预。儿童游戏是自发的、自主的、自觉的,是儿童自己的活动。即使没有玩具,他们也能玩得很开心,他们也能把简单的东西想象成他们想要的材料。`教师要以顺应儿童自己的活动意愿为前提,适时、适地、适宜地介入或引导幼儿的活动。要让儿童成为一个不断织网的蜘蛛,而不要成为网上可怜的小虫。

深秋季节,自然角里的很多花草都枯萎了,怎样让自然角焕发生机呢?中一班的老师问小朋友,可以养点儿什么呢? 有个小朋友说:"螃蟹!"全班"哗"地激动起来了,小朋友的脸上都露出兴奋又紧张的神情。于是老师买了几只螃蟹养在玻璃缸里,孩子们非常兴奋,围在四周饶有兴趣地观察、叽叽喳喳地讨论。老师看到一个螃蟹死掉了,就问:"想不想知道螃蟹里面是什么?"孩子们齐声说:"想。"于是老师将螃蟹解剖了,问:"螃蟹有没有血啊?"有的孩子说没有,因为没看到红色。有的说有,但它的血不是红色的。孩子们进一步讨论:螃蟹呼吸靠什么? 靠鳃。鳃在哪儿呢? 跟鱼的鳃有什么不一样呢?老师提议的活动进一步带动孩子们进行了深一层的活动,老师提出的问题激发孩子们一轮又一轮的新问题,活动随着儿童的兴趣和需要不断地展开。

紧紧跟,默默帮,就是要密切关注孩子的反应,及时捕捉教学时机。该教的时候要教,不教就丧失机会了。在没有预设的、不可预见的情境下表现出最适当的行为,这对老师是最大的挑战。老师的工作就是在教与不教之间不断平衡,不动声色地让孩子们在游戏中达到教学的目标。

教师的日常工作一般都有计划,但教师的计划不可能包含所有幼儿的兴趣和需要,幼儿自主选择的范围很有限。教师生成的活动也不一定能够真正反映幼儿的所思、所想和所感,不一定能激发幼儿的兴趣,所以,教师要留一些空间,给儿童自己生成活动的机会,或通过提出开放性问题的方式启发幼儿的生成活动,并为生成活动的开展创造条件。教师要善于捕捉教育时机,生成能引起幼儿兴趣的活动,促进幼儿的活动向深层次发展。

实践反思

1　请你观察和记录一段孩子的游戏或对话,特别是那些令人忍俊不禁的片段,在小组中分享。想一想,儿童带给我们的仅仅是欢乐吗?

2　角色扮演:4—5人组成一个小组,选择一本图画书,一人扮演老师,其他人扮演小朋友。老师给小朋友讲故事,和孩子讨论图画书的细节和内容。扮演小朋友的要尽可能从孩子的视角提出各种问题,或者给出各种答案,老师一定要给予回应。转换角色,多尝试几次。最后讨论一下:如何才能提出启发性的问题? 如何应对孩子的提问?

3　案例分析:

一次活动中,老师让幼儿观察两张不同角度画出的伞,让幼儿体验从不同角度看到东西。然后请小朋友根据五张照片及儿歌帮助娃娃找家。幼儿根据房子不同角度的照片,很顺利地找到了娃娃的家。在游戏环节,老师问小朋友喜不喜欢拍照片,然后请小朋友选一个玩具,模拟拍照片,小朋友就很认真地拍了起来。老师还请小朋友说一说自己拍的是玩具的哪个角度。最后,老师把自己准备好的照片拿出来,让幼儿找一找老师拍的是什么? 在哪个角度拍的?

请说说这个教学活动设计有哪些可取之处,有哪些问题? 如何调整和改善?

4 在幼儿园教育教学中,多媒体教学手段的使用越来越普遍。有的老师认为,多媒体可以提供形象的画面、甜美的音乐、亲切的语言,有助于吸引幼儿的注意力,激发其兴趣,使幼儿在生动活泼的氛围中学习。有的老师则认为,多媒体主要用于老师呈现教学内容,幼儿是接受性地学习,因此不利于幼儿的主动参与,从而阻碍幼儿最大限度地发挥积极性、主动性。你怎么看?请以"多媒体的使用是否有利于幼儿学习"为题,展开辩论。

第二节　踏准孩子前进的节奏

　　幼儿园不是牧场,孩子也不是牛羊,只要圈上,有草吃,能撒欢就行。幼儿园也不是训练营,老师吹着哨,挥着鞭,上规矩,练本领就行。幼儿教育需要给孩子提供全面且广泛的活动和经验,让他们在身体、认知、情绪和社会性方面充分发展,成为完整的人。这就要求幼儿教师细致而透彻地规划,不仅必须明确儿童需要学习什么,还要知道他们为什么学,如何学。老师就像伴奏的乐师,随着孩子的律动配上旋律,击打出孩子跟得上的节奏,让孩子在欢快的音乐中绽放自信的舞姿。

 话题聚焦

镜头一

　　新学期开始,中班的老师集体备课,制定了一个学期的总体教学计划和一日常规计划。下面是中班半日活动流程表。

时间	教育目标	幼儿要求	教师要求
晨间活动 7:40—8:20	1. 养成早睡早起的习惯	1. 到园不迟于8:00,见面打招呼	1. 主班老师记录孩子来园情况,主动问候

时间	教育目标	幼儿要求	教师要求
晨间活动 7:40—8:20	2. 具备基本的礼仪 3. 巩固良好的就餐、洗手习惯	2. 书包放入教室后，去操场锻炼 3. 幼儿进教室，洗手	2. 组织幼儿有序锻炼 3. 跟踪指导幼儿洗手
早餐自由活动 8:20—8:50	1. 促进幼儿自主性的发展 2. 促进幼儿友好玩耍行为的发展	1. 自主进食，收拾餐具 2. 自主选择游戏，邀请游戏伙伴	1. 提前准备好餐点、饮料，照顾幼儿进食 2. 观察和引导幼儿游戏
学习活动 8:50—10:20	1. 培养良好的学习习惯 2. 鼓励幼儿学会分享	1. 专心进行学习活动，不打扰同伴 2. 积极与老师和同伴互动	1. 提供材料，组织学习活动 2. 观察和记录活动过程 3. 拍摄活动过程和成果照片
户外活动 10:20—11:05	1. 培养运动能力，促进身体健康 2. 培养自我保护能力	1. 活动前热身 2. 遵守安全规则 3. 尝试各种游戏活动	1. 监督和维持秩序 2. 观察和帮助有需要的幼儿
故事时间 11:05—11:30	1. 培养早期阅读习惯 2. 丰富幼儿的情感	1. 幼儿安静地听故事 2. 积极与老师互动	1. 准备图书，讲读故事 2. 引发互动
午餐与自由活动 11:30—12:30	1. 巩固良好的饮食习惯 2. 养成自我服务的能力	1. 餐前洗手，安静进餐 2. 不挑食，保持桌面干净 3. 餐后洗脸洗手，散步	1. 餐前准备 2. 督促幼儿进餐和餐后清洁 3. 带领幼儿散步
午睡 12:30—14:30	养成良好的休息习惯	1. 自己脱衣，叠放衣物 2. 保持安静，不影响他人	1. 监督和照顾幼儿入睡 2. 观察幼儿行为

① 幼儿教学有没有必要制定教学计划？

② 中班的半日活动计划有哪些可取之处，有哪些需要改进的地方？

◆   细节透视

① 制定合理的计划是使儿童工作达到专业水准的关键。为了让幼儿全方位地均衡发展，幼儿教师需要有计划地设计和安排各类活动，给孩子提供全面发展的机会，使他们逐渐具备适应社会规范和进入学校开始正式学习的能力。

② 中班的半日活动计划分为四个部分：时间、教育目标、幼儿要求和教师要求，这是一个很好的行为指南。时间有了明确的安排，教师可以做到心中有数，能够有条不紊地准备各个环节的场地、材料和用具。幼儿也可以在日复一日的可预测的常规中建立安全感。对每个环节培养目标的设定，有助于教师把握活动的重点，有针对性地引导幼儿的行为。幼儿要求的具体化让教师能够明确地知道哪些行为是值得表扬和鼓励的，能够在言行中给予幼儿及时的指导。对教师工作的界定也有助于教师明确自己的职责所在，把工作落到实处。

③ 中班这份计划是所有中班幼儿的共性常规活动设计，在对幼儿的要求中没有显现出对不同幼儿个性化发展的考虑。在日常工作中，集体的统一活动计划和个人计划要结合使用，这样才能让每个幼儿都在幼儿园获得与其发展步伐相吻合的发展机会。

镜头二

春游时，幼儿园中班的朱老师组织小朋友参观了公园里的动物园。回来后，朱老师计划让班上的孩子用卡纸等手工材料建造一个教室"动物园"。润润说："老师，可不可以把动物园搭在沙坑上？"谁知，一呼百应，孩子们都雀跃起来。朱老师决定改变计划，开展沙上建构"动物园"的活动。

第一次活动时，孩子们遇到的问题还真不少。佳音说："朱老师，动物园

里没有动物,怎么办呢?"乐乐、平平说:"朱老师,我们没有东西盖小动物的房子,怎么办呢?"润润说:"老师,海豚和海狮的家怎么造呢?"面对小朋友这么多的"为什么",朱老师鼓励他们自己去想办法解决问题。

第二次活动时,朱老师发现佳音带了橡皮泥来做小动物;乐乐和平平等几个女孩子带来一大筐积木给小动物盖房子;润润带来了一个空的塑料油桶,埋在沙地里做海豚和海狮的家。当然,这几个问题解决了,在活动中他们又会遇到新的问题。不论他们提出什么问题,朱老师总是引导他们自己想办法解决。只有在他们确实需要帮助时,才给他们合适的指导。久而之,孩子们再遇到问题时,比如玩沙时工具不够用、沙上建构时找不到合适的替代物、某一幼儿不小心把沙或水洒到另一幼儿身上、沙上建构时小朋友们快完成的作品被一个顽皮的幼儿碰倒……这时急着找老师的情况越来越少。朱老师看在眼里,喜在心头。

朱老师明白:人的一生中会碰到许多问题需要解决,需要处理,在幼儿期我们有意识地设置一些小问题并鼓励他们自己去解决、处理,使其看见问题时肯动脑筋解决,这对幼儿的成长是很有帮助的。在沙水游戏活动中,孩子们常常会遇到这样那样的问题,朱老师总是支持、鼓励幼儿按自己喜欢的方式去玩沙玩水,给了孩子们宝贵的发展机会,使他们学会处理在同伴交往中出现的问题,学会交往技巧,让孩子们在没有外力的情况下能轻松愉快地尝试探索和玩耍。

◆ **定格思考**

1 朱老师临时改变教学计划,这样做合适吗? 为什么?

2 朱老师的教学活动能够使幼儿的哪些方面得到成长?

◆ **细节透视**

1 朱老师对计划做临时的调整并没有影响教学的目标,反而使得原本单一的主题活动变得更加丰富了。教学计划应该以幼儿需要具备的能力为取向,而不是拘泥于主题和内容。朱老师将原来的室内手工活动改成了室外建构活动,拓宽了活动空间,充实了活动材料,使活动形式更灵活,让幼儿的活动体验更丰富,这为促进幼儿各方面的发展、锻炼各种技能提供了更好的机会。沙水游戏是为适应幼儿身心发展的需要而产生的,最符合幼儿的年龄特征,且最为幼儿所喜爱。沉浸在沙水游戏中,幼儿锻炼了肢体,训练了思维,丰富了认知体验和情感,也在游戏中学会了如何与人交往。幼儿在与同伴和老师的互动中锻炼了语言能力,在建构动物家园的过程中体会了空间和力学概念。

2　朱老师改变计划完全是为了顺应孩子们自己的意愿和兴趣,这使得教学活动更加有效果,因为只有孩子们沉浸在自己喜爱的活动中,学习才能发生。幼儿对沙水游戏情有独钟,沙子、水等自然材料形态多样、变化多端,能给幼儿带来意想不到的奇妙体验,孩子们玩起来常常欲罢不能。但因为条件限制,幼儿并不能经常接触这类材料,加上家长和老师往往嫌这类游戏会把环境弄脏弄乱,常常限制孩子们玩沙子和水。这样一来,幼儿对难得一碰的沙水游戏反而格外痴迷。朱老师没有因为孩子玩沙水游戏会增加打扫和管理的负担而拒绝孩子们的游戏建议,而是支持和鼓励他们去玩,并提供充足的时间让他们沉浸其中,从而达到了学习的目的。

3　朱老师在整个游戏过程中,一直扮演协助者、支持者和观察者的这样的配角角色,她真正让孩子们成为了活动的主体。但朱老师却不是单纯的旁观者,她透过观察,有意识地帮助幼儿拓展了游戏的方向和深度,让幼儿时不时地"跳起来摘果子",在能力范围内不断突破自己,发展出新的能力。

 行动方案

1. 根据幼儿的发展特点和需求制定常规

好的幼儿教育离不开合理的常规和计划系统。儿童最初几年的生活是他们未来发展的基础,因此,为幼儿规划游戏机会和学习经验,对他们今后的教育和发展至关重要。计划还能极大地帮助幼教工作者动力十足且有条不紊地开展工作,因为仅仅"照

看"儿童可能显得单调乏味,且无法产生成就感。

常规的建立对于幼儿来说十分重要,因为每天都有一种熟悉的规律,会使儿童感到安全。常规还能提供一个可供增加学习和活动的框架。作息常规的制定建立在对儿童发展的透彻理解之上,幼儿教师需要具备能够为不同年龄段和不同环境中的儿童设计作息常规的能力。良好的作息规律能满足儿童的需要,使他们有时间吃饭、休息、游戏、学习和睡觉,同时切合实际,易于执行。

反思常规的有效性是十分必要的,因为这是其他教育计划制定和执行的基本框架。一般幼儿园有既定常规,教师不假思索地沿用二三十年前制定的常规的现象并不少见。一个典型的例子是故事时间的安排。传统上,讲故事被安排在一个活动环节快结束时,但这并不是最佳时间,因为儿童可能已经感到疲劳,很难专心地集体听故事。儿童的行为是常规不合理的重要提示。当发现幼儿总是在一个活动环节的特定阶段变得躁动不安时,教师就必须反思常规的合理性了。

> 幼儿园中班的老师发现,点心时间之前让孩子们收拾玩具总是十分困难。孩子们拖拖拉拉,不愿意放开手里的玩具,中断玩得正起劲的游戏。老师们开始思考:为什么需要收拾玩具?为什么要安排固定的点心时间?这时他们意识到,作息常规是问题的根源。解决方案是:安排一个滚动的点心时间,在教室一角放置一张小桌,供孩子们吃点心。这样孩子们就可以在结束游戏后陆续用点心,一则减少了统一就点前的等待时间,二则可以让孩子们尽兴地游戏。

所以,幼儿教师需要时时提醒自己:上一次评估作息常规是什么时候?是否有儿童无事可做的等待时段?是否有员工感到烦躁、不愉快的时段?作息常规能否提供足够的户外活动时间?作息常规是否有助于培养儿童的独立性?儿童自主游戏的时间有多少?

2. 围绕幼儿的发展目标制定教学计划

为了确保儿童有机会达到早期学习目标,计划需要分设不同的水平。需要有长程的、宽泛的年度计划;中程的学期计划以及短程的、更细致的每日计划。只有将计划细化到每天,才能确保儿童课程设置是经过精心考虑的,才能充分达到早期教育目标。远程计划、课程计划、周计划、日计划、具体活动计划、个人计划等组合在一起,构成幼儿生活和学习的支撑结构。

计划不代表控制,计划一定不能脱离以儿童为本的主线。幼儿教学的计划是为了让教师对幼儿的发展有宏观的把控,确保幼儿获得充足活动机会和平衡发展,而不是教师完成一个个具体的教学任务。

在幼儿教学计划中,最关键的是学与教的平衡,也就是幼儿自主游戏和教师指导之间的分寸把握。保持结构活动和非结构活动之间的平衡,是决定幼儿教育效果的关键。

结构活动是指成人给予大量引导的活动,如,老师给幼儿展示如何玩一种游戏,或指导幼儿制作一些手工作品。结构活动有很多益处:它能帮助幼儿把注意力集中在一个具体概念、技能或知识上。结构游戏是由老师选择和决定的,老师可以统筹安排,确保幼儿发展各个方面的目标得到落实。但结构活动也可能带来问题:高度结构性的活动意味着幼儿只能简单地遵循指示,无法按自己的意愿学习。如果幼儿对活动不感兴趣或完全没有控制权,他们就可能感到枯燥或不耐烦。因此,结构活动的运用需要老师对儿童兴趣和需求有精确的了解,并在此基础上精心策划。

结构活动可以进一步分为"成人指导"和"成人发起"活动,区别在于活动的结构程度,以及成人在活动中的角色。

成人指导的活动是那些成人在其中起显著作用的结构活动。老师可直接向儿童示范、教授或解释该怎么做,也可用提问的方式或与儿童做游戏的方式给予直接指导。例如,老师拿来一只口袋,让小朋友猜里面有什么,然后请小朋友把东西从口袋里拿出来数一数。只有当幼儿自愿参加而不是被强迫的情况下,成人指导的活动才能取得最好的效果。不愿参加活动的幼儿会在行为上表现出来,比如,走神、东张西望、做小动作。老师会发现尽管自己在教,但不能保证孩子在学习。幼儿在兴趣浓厚、动力十足的时候学得最好。

运用成人指导游戏时需要注意的是:

(1)分散运用这类活动:把成人指导游戏和儿童自主游戏间隔开来,有收有放。

(2)考虑活动的时机:安排在幼儿最容易集中注意力的时候。活动应简短。

（3）增强活动的参与性：考虑幼儿的兴趣，保持活动的趣味性；在掌控活动目的性的同时，设法给予幼儿一定的活动自主权。

（4）采用小组活动形式：不一定每次活动都全班参与，可以在分组活动时采用这类游戏，以适应不同儿童的需要。

（5）随机应变地拓展和调整活动方案：在活动过程中对幼儿的反应要灵活应对，要抓住时机推进活动，促成幼儿的学习。

> 一天，翟老师正准备给孩子们上美术课，亮亮不小心把准备调色用的水泼到了桌上，于是他就用手去擦。擦着擦着，他高兴地喊道："你们快来看呀，我画了一条大鱼。"好多小朋友都围了过来，大家议论纷纷。没多久，这一举动就引来众多的效仿：飞跃用手蘸上水在桌上画起了花；卓凡用手蘸上水画起了大树……看着大家玩得津津有味的样子，翟老师突然感觉到：这不就是一次很好的美术教育活动吗？孩子们可以不受纸张大小和命题的限制，自由大胆地表现心中的图画。于是，翟老师趁热打铁，对孩子们说："今天，我们就用水来画画，你们想不想啊？""想！想！想！"孩子们争先恐后地说。翟老师为孩子们准备了水盆、布等材料，对他们提了一些活动要求后，带着他们来到了户外。翟老师发现，每一个孩子都画得特别认真。

这个活动是从孩子的一次偶然发现中自然衍生出来的，并不在老师计划之列，但是翟老师没有刻板地遵循教学常规，而是灵活地调整了教学计划。翟老师透彻理解了制定计划的宗旨是为了达到幼儿的发展目标，活动是教学的载体，完成老师预先设计的活动不是目的，培养能力才是实质。幼儿自己生成有趣的活动，正是老师求之不得的。老师敏锐地发现并利用了这个教育契机，满足了孩子的探索需要。

成人发起的活动，指的是成人通过精心计划和准备，提供材料和器械，促使儿童以成人期望的方式游戏。如果只是在儿童游戏中提供一些结构，老师并不参与直接指导或控制，成人发起的活动则是一种极为有效的方式。例如：老师在沙子里埋一些贝壳，并将一些大小不同的罐子放在旁边。儿童很有可能注意到这些贝壳并把它们放进罐子，并且进行分类。老师可以让儿童尽情地去挖贝壳，也可以温和地询问他们找到了什么。老师将一个手提箱放在娃娃家游戏角,幼儿发现以后,很可能要去打开它并往里面装东西,并且开始有关旅行的想象游戏。

只要有可能,就尽量运用成人发起活动。老师设计活动时要以儿童的兴趣为基础,在活动过程中密切观察,随时支持和拓展儿童的思维。老师也可以在以往成人指导活动的基础上设计一些成人发起活动。

一次,孩子们做"民警抓小偷"的游戏。老师讲完游戏规则、分配好角色之后,就在一旁指导并加以保护,以免出现意外事故。正当孩子们玩得高兴的时候,阳阳突然大声喊:"哎呀!老师,不好了,乐乐被汽车压死了!"原来淘气的乐乐碰到警车时,怕被抓住,就顺势倒在"警车"底下装死。这突如其来的情景,使全班幼儿都无所适从,不知道下一步游戏该怎样进行。老师愣了一下,灵机一动,扮演起"医生"来。她用听诊器给乐乐听了听,翻了翻乐乐的眼睑,趴在他的胸口摸了摸,还用手摸了一下他的鼻孔,然后镇静地说:"赶快抢救!心脏还在跳呢!"孩子们顿时又活跃起来了,有的给乐乐"打针",有的给他"输血"、输"氧气"、包扎"伤口",还有的开来了"120救护车"……游戏又继续下去了,而且内容更丰富,情节更逼真,孩子们玩得更有劲了。

老师通过观察儿童是否已经开始将想法融入自己的游戏来测量结构游戏的成功与否。例如,老师上午给小朋友做了排列纽扣的结构游戏,下午有孩子回到托盘那里独自玩同样的游戏,这就意味着幼儿已经从与成人一起学习迈入了将新思想或新技能纳为己有的境界。如果幼儿这样做,一定要给予支持和鼓励,因为这说明幼儿正在操练技能并继续拓展思想。所以,从活动计划的角度来说,用于结构游戏的器械和玩具应该对儿童开放,以便他们自由使用。

非结构活动是指幼儿自己选择和使用材料和设备,发挥自己的想法和主题的活动。有时也被称为"自由游戏"或"儿童发起的活动"。当幼儿能够自己选择做什么和怎样做时,他们的注意力集中的时间会更长,并能发展出自立、合作和解决问题的技能。

非结构活动或儿童发起的活动不应被视为填补教学空档的成分。儿童发起的活动对儿童自尊的树立和全面发展有着巨大的激励作用，它们是童年的支柱，因为儿童总是能够用玩具和材料按自己的思路玩。儿童发起的游戏能够有效地促进课程结果的产生，当儿童在自己游戏时，老师可在一旁观察并记录他们已经达到的学习结果。

提供非结构活动的关键是将其植入每日常规当中。有些幼儿园为非结构活动单独设定时间，而有些幼儿园索性将这类游戏设为随时可参加的活动，让儿童在非结构活动中自由出入，当儿童准备接受老师的辅助时，才进入结构活动。

幼儿教师应该致力于让非结构游戏在教学环节中延续存在。当非结构游戏的机会受到限制时，幼儿自主发展的机会就在无形中被剥夺了。如果非结构游戏已经发生，老师要给予幼儿充足的时间继续，并且提供必要的资源，让儿童有机会拓展游戏。给幼儿准备的资源要取用方便，老师可以充分利用户外场地来开展这类活动。孩子活动时，老师在一旁进行自然观察并悄悄监控。

非结构活动的性质决定了它很难保持"整洁"，因为幼儿常常把游戏材料混合在一起，或按自己的思路开创新玩法。这些要求应当得到满足，计划这类活动时保证资源的充足是非常重要的。

3. 根据幼儿的发展需要提供充分全面的活动机会

幼儿教育活动应该给幼儿提供全面发展的机会，不仅要重视智力的开发，也要重视幼儿运动能力、社会交往能力、自理能力的发展。现在的很多家长对孩子的期望往往不平衡，在学习方面要求很高，但在生活独立能力方面却始终不放手，事事由家长承包，剥夺了孩子学习新技能、锻炼生活适应力的机会。所以，幼儿园老师要给孩子们足够的锻炼机会，让孩子能独立完成一些任务。此外，幼儿教育中普遍存在着因家长过度保护、教师害怕出事而限制幼儿户外活动的情况，造成孩子的身体素质、协调能力、运动技能得不到充分发展。幼儿教师应该特别注意在这些方面从孩子的实际需要出发，而不是先考虑保护自己不被追责。

第一幼儿园的操场添置了一些新的器械，地面也做了整修，铺设了更高级的地垫。为了便于管理，操场只在幼儿在园上课时间开放，由各班老师组织，带着孩子进入游戏。下午放学后，很多幼儿眼巴巴地在操场的围栏边向里面张望,很想进操场玩一会儿,但看见操场铁门上的锁,只好失望地回家。

实验幼儿园只隔几条街,每天下午四五点钟,实验幼儿园的操场上最热闹。很多孩子和家长都在操场上,孩子们尽情地玩各种器械,家长在一旁欣喜地看着。在家长面前,孩子们似乎表现得更勇敢、更活跃。"妈妈,看,我可以这样!""爸爸,你扶我一下,我想走一下独木桥。"五点半关园门的时候,孩子们汗津津、红扑扑的小脸上挂着笑容,心满意足地回家了。

4. 依据幼儿的生活经验选择恰当有趣的活动主题

选择主题活动,根据幼儿发展需要确定目标是当务之急。老师设计主题活动时经常会思考一些具体的问题,如:这个主题涵盖了哪些内容?孩子会喜欢吗?可提供给幼儿什么学习经验?能帮助孩子达成哪些发展目标?它的可行性如何?主题所需的材料易获得吗?是否容易转化成让幼儿直接参与的具体活动?它与其他各单元之间的关系如何?有没有经验进行衔接与连贯?如果没有恰当的、符合幼儿当前发展需要的目标,活动的设计就会流于形式,不能对幼儿的发展起到真正的促进作用。

要站在幼儿的角度去选择有趣的活动。儿童不是缩小版的成人,他们有着与成人不一样的思维方式。儿童经常对大人不以为然的事物兴趣浓厚,成年人认为不重要的事可能在孩子心目中却占有重要的地位。儿童对事情的前因后果的理解也有着与成人不同的角度,教师不能从自己的角度去理解某种活动是否有意义。所以,幼儿教育的主题应来源于幼儿的生活,如围绕幼儿自身的生活事件、社会生活事件、文学作品,或者将一些现象、过程、原因等形成主题,设计教育教学活动。

选题除了要遵循幼儿的心理特点,还要结合本地区的地域、生活环境的实际情况来确定。如果选择资源比较丰富,孩子熟悉的、容易接触的、贴近幼儿"最近发展区"的内容,教师就容易利用这些资源组织丰富多彩的教育活动。如果活动内容跟幼儿生活相距甚远,孩子一点感官体验都没有,就很难做到拓展经验和视野了。

现成的,或者别的幼儿教师开展得很成功的课程可以作为借鉴的资源,但需要注意的是,由于教学对象和环境的差异,即使是经典课程也可能有其不适合和不完善的一面,它需要教师去调整,去补充,去选择合适的内容,根据特定的需要灵活地组织实施。

中班下学期有一个课程主题是"冬爷爷的礼物"，很多活动都和雪花、冰花、冰棱有关。可是苏南地区近几年都是暖冬，根本看不到冰花，更别说冰棱了。就是下雪也是零落的小雪珠，孩子看不到雪花飘飘的景象。老师们对活动内容做了改动，根据当地冬天景色和生活的特点，从幼儿生活经验的角度，选择了相应的内容。

5. 围绕幼儿发展目标设计与组织有效的主题活动

教师在确定教学内容、选择操作材料、设计教学程序、运用教学指导策略时，一定要根据主题及幼儿的学习特点紧紧围绕活动的目标进行，教学的每一个环节都应当从教学的目标与需要出发，从幼儿的需要出发，不能为创设情境而创设情境，并需要思考、明确以下问题：

确定这一主题的目标是什么？如，是让幼儿通过探索了解某些现象、获得某些方面的知识？还是重在让幼儿体验成功的喜悦，从而引发其更强烈的探究欲望？

所选的材料是否是达到目标完成的最佳材料？有没有更适宜、更简便的其他材料？

设计的教学程序是否体现了循序渐进，是否符合幼儿的认知特点？每一个环节是不是有必然的联系？整体时间的安排是否合适？核心环节的感知与质疑、探索与发现的时间是否足够？有没有给幼儿相互交流和讨论的机会与时间？

运用的指导策略是否适当、有效？幼儿学习的兴趣、积极性是否得以激发？教师的引导、点拨是否恰到好处？是否能引发幼儿作深层的思索与探究？是否适时提升幼儿的学习经验，并在同伴中分享与交流？

如果教师对于某一主题活动没有经验，就需要在上课之前按活动流程先演练一遍，把握一下课堂活动的节奏，发现可能遇到的问题，并预想一些常见问题的应对策略。心中有数之后，教师在正式上课的时候就能更自信，更能把控局面。

刚入职不久的小周老师给小朋友上科学活动课：鸡蛋浮起来了。因为实习时很少接触这类活动，自己也没有亲自实践过这类需幼儿自己操作的科学活动，小周老师有点底气不足，一开始就显得有点手忙脚乱。

"你们觉得鸡蛋宝宝到这两杯水里后会怎么样呢？到了第一杯水里是沉下去还是浮上来？请把你的猜测记录在纸上。"说完这句话后，小周老师突然发现纸和笔还没发给幼儿，所以马上匆匆地把纸和笔发给幼儿。在这等待的时间里，纪律有点混乱，而且整个活动的连贯性被打断了。在活动的操作环节，小周老师因为没有事先把操作材料摆放在操作台上，又出现了不必要的幼儿等待时间。当然，小周老师没有事先把这些东西发下去，也是有自己的考虑的：她担心事先把东西发下去，幼儿会不集中精力，会乱动乱碰。但是事实证明，不必要的等待同样会让幼儿出现混乱的现象。时间过得很快，30多分钟的活动一会儿就结束了，孩子们仍意犹未尽。结束前，小周老师原来安排的另外几个小实验来不及做，只好提了一个延伸性的问题："今天，我们知道了在清水里加足够的盐能让鸡蛋浮起来，那么糖、酱油、醋等能不能让鸡蛋浮起来呢？请小朋友回家去试一试。"

6. 根据孩子的发展阶段提供恰当的扶手

儿童的认知和行为发展是以其生理发育为基础的，如果人为地使行为发育过于提前，不仅是毫无意义的，而且是有害的。遗传早已为儿童的发展描绘了蓝图，而环境则影响着工程的建设进度和质量。不要试图按照自己的意愿强行修改幼儿的成长轨迹，违背自然的结果最终将是苦涩的。但你可以在适当的时机加油，在合适的地方添砖，让幼儿的天赋得到最大程度的发挥，达到他所能达到的最大高度。

在制定活动目标时，老师应当坚守的原则是：让孩子"跳一跳，摘得到"。不能太高，高了孩子不容易达到要求；也不能太低，低了就无法适应孩子发展的要求。这个时候，就需要教师去认真把握这个度了。

幼儿神经系统的抑制机能还比较弱，因而很难做到长时间地保持一种姿势或集中注意于单调乏味的作业。他们的注意力集中时段大约为15—20分钟，每隔一会儿，孩子就要换一种活动。因此，老师在设计单一教学活动时一定要简短。幼儿的精细动作发展也是循序渐进的，所以，孩子的绘画、使用剪刀、涂颜色、做手工等活动的目标一定要符合孩子的能力水平。

章老师在教诗歌"春天的秘密"时,发现这首诗歌重复较多,而且很长,小朋友听着听着就东张西望,心不在焉了。章老师改变了策略,分段朗诵,并让幼儿自己把这一段的内容用动作表演出来。有的幼儿动作形象,有的动作滑稽逗人,小朋友互相模仿,非常投入。这首诗歌仅用了十几分钟,幼儿就能表演和朗诵了。

　　节奏是构成乐曲的重要因素,是音乐的框架。对幼儿来说,节奏不是具体直观的,而是抽象的,所以在节奏乐教学中,幼儿对节奏的理解是一个难题,常常发生孩子们因为对节奏的不理解而在活动中兴趣低落,从而产生勉强去打或乱敲一通的现象。刘老师在新学期节奏乐教学开始前,决定先让幼儿理解什么是节奏,找一找生活中的节奏,从而进一步理解音乐中的节奏。她让孩子们认识钟表,启发孩子们仔细听秒针走动的节奏、钟摆摆动的节奏。孩子们惊奇地发现它们是按照一定规律运动的。老师告诉孩子们这就是钟表的节奏,孩子们颇感兴趣。接着老师又告诉孩子们,生活中到处都有节奏,只要你细心地去观察、去寻找,就会发现有很多很多的节奏。如:拍手、走路、跺脚、拍皮球、跳绳、转呼啦圈等。刘老师给小朋友布置了一个任务,让孩子们找一找,比一比,看谁找得最多。几天后,孩子们纷纷汇报,他们找到了许多节奏。在以后的教学中,刘老师经常和孩子们一起来找节奏,培养孩子们对节奏的感受力、记忆力、想象力和表现力。刘老师在音乐课上把打击乐器作为重点教学内容,让孩子们来摸索和实践,使孩子们对节奏的认识有了很大的提高。

最好的教育是既不给他过多的扶手,也不给少于他需要的扶手,而是给他刚刚好的扶手,并且在该给的时候给,在该撤的时候撤。教学就是搭梯子、架扶手的艺术,而且是寓教于乐的艺术。

1 小组讨论,随机调取一份某幼儿园的学期教学计划,看看这个计划是否覆盖了幼儿发展的所有目标? 课程安排是否合理? 为什么?

2 制定一份幼儿园一日常规计划表,说说制定的理由。提示:检查这份计划是否能满足幼儿的各种生活需求,并为幼儿教育活动的开展提供了足够的机会。

3 选择一个主题,设计一份教学活动计划,并说明主题选择和活动形式的缘由。

4 案例分析:

教学活动一开始,老师有感情地讲述了一个小纸人想飞的故事。老师讲得很轻、很慢,孩子们听得很认真。第二个环节中,老师让幼儿讲述自己什么时候有飞的感觉,孩子们纷纷举手发言,举出了许多例子,如,坐在海盗船上有飞的感觉。第三个环节中,老师请幼儿帮助小纸人飞起来。孩子们说了许多办法。老师拿出事先准备的材料,有气球、飞盘、竹蜻蜓……孩子们兴奋起来,跃跃欲试。但是操作时孩子们发现了很多问题:自己吹的气球飞不上去,因为在教室活动,飞盘和竹蜻蜓不能使用。体验过帮助小纸人的活动后,老师请孩子们讲一讲生活中小朋友之间互相帮助的事情。孩子们似乎有点愣住了,不知道怎么讲,后来,老师出示了早已收集的照片,孩子们根据照片上的内容,描述了小朋友互相帮助的情景。

这节课成功吗? 为什么? 如果你是老师,你会如何调整和改进,以达到更好的教学效果?

第三节　捕捉每一个闪烁的光点

　　每名幼儿都是独一无二的,幼儿教师应该以包容的态度、赏识的眼光、鼓励的语言来对待每一个孩子。教师的爱心是幼儿最渴求的心理需求,是母爱情结的自然延伸。在教育活动中,教师要善于关注每一位幼儿,细心观察,敏感领悟到每一位幼儿的需要,做到一视同仁。同时教师又要做到因人而异,要善于发现每一个孩子的闪光点,让每一颗璞玉都能闪烁自信的光芒。

话题聚焦

镜头一

　　一天中午,陈老师给该服药的孩子吃完了药,正准备带小朋友站队小便,发现凡凡正用渴望的眼神望着她,好像要说什么。老师蹲下来问:"凡凡,你有什么事?""老师,我也要喝药。"凡凡小声地说。陈老师关切地问:"你哪里不舒服? 药呢?"凡凡不做声,随手掏出了一包药,老师一看,这哪里是药,分明是鱼食。从凡凡那怯怯的眼神中,老师觉得事情不会那么简单,便没有追问,只是轻轻地对他说:"这不是药,不能吃,先放在老师这里,让妈妈重新给你送药,好吗?"凡凡点了点头。接着,陈老师给凡凡的妈妈打了电

话。原来，凡凡没有感冒，他对妈妈说，老师喜欢带药的孩子，他要带药。妈妈不给，他就自己偷偷地带了"药"。幸亏陈老师看得仔细，才避免了可能发生的事故。

孩子们午睡后，陈老师坐在午休室里，心情久久不能平静。"老师喜欢带药的孩子"，这句话引起了她的深思。平时，老师不自觉地会对生病吃药的孩子多一些关心和问候，在他们吃药的时候，抱抱他们，亲亲他们，摸摸他们的小脸蛋，夸他们勇敢。但陈老师从未想过，这样做对其他孩子会有什么影响。从这件事中，她深深地感到：每个孩子都渴望老师的关注。一句体贴的话、一个温暖的眼神、一次深切的爱抚，都能让幼儿满足。自己要让每个孩子都感受到老师的爱，让老师爱的甘露滋润每一个孩子的心田。

◆ **定格思考**

① 你有没有过类似的经历：你的无心之举却让幼儿感到受了冷落？

② 如果有，你会怎样避免这样的误会发生呢？

◆ **细节透视**

① 陈老师对生病的幼儿多一些关心和照顾是情理之中的行为，可是凡凡却感觉到了一种落差。他渴望与老师近距离地接触，得到老师关注的眼神和亲切的话语，所以想出了带药来吃的主意。显然，陈老师平时和每位小朋友的情感交流不够均匀和充分，让小朋友产生老师是不是不够喜欢我的疑惑。

② 凡凡是个胆怯害羞的孩子，平时比较听话，很少惹是生非，这样的孩子特别容易被老师忽略。他们不会令老师讨厌，也很难讨老师喜欢，因为他们被动、慢热、少语，不会"来事"，很少能以活泼的方式去吸引老师的注意，获得老师的关心。陈老师恐怕在忙于应对活泼调皮的孩子的时候，无意中忽略了安静内向的孩子。

③ 幼儿的个性千差万别，体现在情感需求上也是如此。有些幼儿比较敏感，特别需要家长、老师时不时地给予安抚和肯定，这样才能心安。有些孩子还需要更多一些肢体上的接触和抚慰。因此，老师在对每个幼儿同等关注的同时，也不宜"一碗水端

平",还要有针对性地给予幼儿他们所需要的关爱。

镜头二

洋洋很好动,上课时常常不能专心。音乐活动时,洋洋跟着老师唱了两句后就坐不住了,先是玩弄自己的鞋子,然后扯扯身边女孩子的头发、衣服,弄得小朋友直嚷嚷……让他上前表演时,他却突然跑到钢琴前,东摸西摸。老师制止他后,他就朝着小朋友们做鬼脸,惹得全班孩子哈哈大笑,而他却像没事人一样地走开了。小朋友们玩搭积木游戏,洋洋趁其不备跑过去抢别人搭好的积木,惹得其他小朋友气得直哭。每次分组游戏时,总有小朋友说:"我不要洋洋跟我一组!"

经过观察,杨老师发现洋洋很喜欢听故事,每次都很认真。而且,他还能把听过的故事绘声绘色地讲给小朋友听,小朋友给他鼓掌他也很高兴。于是,为了避免他和其他幼儿发生冲突,杨老师专门为他设置了一个活动区域,专门为他准备了一个复读机,让他在活动时间自己听故事,这样既满足了他的需求,又不干扰其他幼儿的活动。到了安静活动的时间,老师就请他给小朋友讲故事,时间长了,他也愿意听老师的话了,和小朋友的冲突明显减少了。

◆ **定格思考**

1 杨老师的方法为什么有效?

2 在你所在的幼儿园,还有哪些个性化的教育方案?

◆ **细节透视**

1 在杨老师眼里,洋洋是一个需要帮助的孩子,而不是一个调皮的讨厌鬼。洋洋身上任性、不受约束、攻击别人等突出问题不仅影响了他与小朋友的相处,也让他对自己失去了信心,因为他知道大家都不愿意和他玩。从这个角度去理解孩子,杨老师没有单纯采取惩罚措施来纠正洋洋频频违反纪律的问题，而是努力去寻求帮助这个孩子的方法。

②　杨老师不只是看见了洋洋的行为，还用心去寻找孩子如此表现的原因。她明白每个孩子身上都有一个穴位，点通了穴道，孩子的问题就能迎刃而解。这个穴位就是孩子的优点或特长所在，所以杨老师通过密切观察来发掘洋洋身上的优点。

③　当杨老师找到洋洋的兴趣点和优点后，她给孩子开辟了绿色通道，让孩子有充分的机会沉浸在自己感兴趣的活动中，一方面锻炼了专注力，一方面形成了自己的特长。当他讲故事得到小朋友掌声的时候，他体验到了成就感，并得到了小朋友的认可。在积极情绪的支配下，洋洋更愿意配合老师，行为习惯也就得到了很大的改善。

行动方案

1. 发现不同性格的同样精彩

每一种性格都有其独特的价值，没有绝对的优劣之分。就像色彩一样，各有各的美。这个世界既需要敢作敢为、反应敏捷、能说会道、善于领导别人的人，也需要沉静稳当、温和细腻、善于思考、愿意跟随的人。所以老师要注意别有意无意地流露出这样的情绪：只有外向的性格才是优秀的，值得欣赏的。也不要在任何活动中都以表达的多少来评价孩子的表现。如果一个孩子害怕当众发言，也不必反复鼓励，可以让孩子做他擅长的事情，让他以自己的方式展示才能和进步。当孩子内心充满了自信，表达就会自然溢出。不要总拿某个孩子作为榜样，鼓励其他孩子向他学习。在孩子之间做横向比较是不恰当的，更多的时候，老师要主动去发现每个孩子身上的闪光点，让他们知道自己的优点，并借助这些闪光点，接纳自我，树立自信。

　　　赵老师刚接手的班上有个小男孩齐齐，他年龄比别的孩子小几个月，很多方面也显得比别的孩子稚嫩。参加有挑战性的新活动时，齐齐一开始总有些退缩,需要老师一次次的鼓励,他才会参与,而且总是先观望,慢慢才进入角色。齐齐的爸爸妈妈也向老师反映,孩子在家在外都胆小,不像个男孩。一次亲子活动,因为教室里多了很多家长,齐齐比平时更不愿参加活动。齐齐的妈妈面子上有点挂不住,生气了,责备孩子道:"你还是男子汉呢,这么胆小,妈妈不喜欢了!"齐齐的小嘴立刻撇了下来,想哭又使劲憋着。赵老师看在眼里,很心疼,但当时她并没有说什么。

第二天,赵老师在班里讲了这样一个故事:螳螂和金龟子是一对好朋友,螳螂外向,不怕冒险,喜欢尝试新事物,爱去田野、树林里散步和戏耍。金龟子胆小谨慎,不爱出门,对不熟悉的事物总是有点畏惧,凡事先退缩。在螳螂的说服下,金龟子答应一起去树林散步。一路上金龟子发现所有的担心都是多余的,什么危险也没有发生。就在两个好朋友快要走出树林时,警觉的金龟子发现了潜伏的大鸟,幸亏发现得及时,两个好朋友才没有葬身鸟腹。螳螂再也不觉得金龟子的胆小是个缺点了,它认识到,在有些时候,谨慎比勇猛更重要。

齐齐听故事的时候很入神,眼睛亮亮的。那天放学的时候,赵老师把这本书借给了齐齐的妈妈。

2. 给予不同孩子同样的关注

幼儿作为刚刚发展和正在成长的个体,其个性尽管仍处于成长和发展之中,但很多孩子在一定时期内仍然会表现出明显的、稳定的个性特征。有的孩子活泼开朗,有的孩子胆小懦弱,有的孩子冲动粗心,有的孩子诚实乖巧,有的孩子淘气好动等。每个孩子都有其可爱之处,可是,老师常常会更喜欢那些长得好看的、嘴巴乖巧的、上课活跃的孩子,不自觉地忽略那些安静的、老实的、不做声的孩子。其实每个孩子都渴望得到老师的关注,哪怕是一个含着微笑的眼神和一个轻轻的握手。

李老师发现班上的小朋友排队时喜欢抢占排头的位置,因为这样可以离老师近一点,还可以拉着老师的手走路。李老师改变了策略:每次排队的时候,她一边点人数,一边跟每个孩子拉一拉手,对望一眼。孩子们和老师拉了手,就显得特别开心,抢排头的现象减少了,排队的秩序也越来越好。

　　文静是班上一个普通的孩子,相貌平平,几乎没有一点出众的地方。曹老师刚接中班的时候对她没有特别的印象,只是觉得她不太招人喜欢,平时和她接触得很少,而她也从来不主动和老师说话。别的孩子拥着老师的时候,她总是躲得远远的。曹老师以为她性格如此,也没有太在意。有一天,曹老师和小朋友做游戏时恰巧坐在了她的身边,便习惯性地把她揽在怀里,这时曹老师发现她的小脸变得红润起来,眼里闪烁着喜悦的光芒。曹老师心里蓦然一惊:多么可爱的小姑娘啊! 以前我是不是太冷淡了,忽略了她? 从那以后,曹老师便对她多了几分关心,时时表扬她点点滴滴的进步,一有机会便主动和她交谈。慢慢地,文静也会主动找老师说话了,参与活动,也更加积极、活跃了。

观察和交流是个性化教育的基础。只有通过持续的、密切的观察,和孩子一对一地交流,老师才能全面深入地了解每个孩子的特点。在此基础上,老师才有可能把准孩子的脉,用最适当、有效的方式引导孩子全面发展。

　　大班的黄老师在每日常规中增设了一个晨间谈话活动。晨间谈话,顾名思义,就是晨间活动时对孩子进行的集体或个人的谈话活动。黄老师充分利用这段时间,和小朋友个别交流,或者和几个小朋友一起交流。从与孩子们的交谈中,黄老师了解到了不少有益的信息。晨间谈话开始一周后,孩子们已开始盼望着与老师在晨间交流了。孩子们都急切地想把自己见到的、听到的、想到的、家里的、路上的事情和老师分享。通过晨间谈话,黄老师发现:原来不声不响的媛媛还挺有想法的呢;毛毛上课发言一着急会结巴,但和老师个别交流的时候说话很连贯;路路的爷爷奶奶从老家来了,可是路路有点儿怕爷爷;最近有好几个孩子都跟家长去玩了新开业的职业体验馆……黄老师发现了她以前没有注意到的孩子们的优点,也更多地了解了孩子们园外的生活经历。有了这些有价值的信息,黄老师在教学上更胸有成竹了。

3. 对不同的孩子同等呵护

孩子可能对某种活动或某项事物有着浓厚的兴趣，并且较多从事这种活动，而很少进行其他活动；或者孩子在某些方面发展得慢一些，而在另一些方面则快一些；或者体现出不同的性格特征。教师应耐心地花大量时间去观察、了解幼儿的行为，要有保护好孩子与众不同的个性品质的意识，允许幼儿个性的存在。

> 桌面游戏时，王老师为幼儿提供了不同的建构材料：小纸筒、垫板、饼干积木、雪花片等，请幼儿尝试做"堆高"的游戏。一听到老师的要求，成成立刻拿了一筐纸筒，一个人开始堆高。他一会儿把口大一些的纸筒放在上面，一会儿把口小一些的纸筒放在上面，但几次尝试均未成功，小纸筒一次又一次地倒了下来。王老师问大家："你们用小纸筒可以堆高吗？"幼儿大都说不行，都说堆上去就会倒下来。可是成成仍然坚持自己的想法，认为小纸筒可以做堆高的游戏，并在旁边尝试着将小口的纸筒塞到大口的纸筒中去。王老师在一边没有对他的做法做任何的阻拦或提出任何的建议，而是耐心地观察。小纸筒一次又一次地倒下来，王老师建议成成可以试试用其他辅助材料帮忙堆高，可成成好像没有听见似的继续按他的想法做。过了一会儿，成成用大口对小口的方法将三个纸筒连接起来，并稳稳地立在了桌上，他的脸上露出了开心的笑。看着孩子取得的成功，王老师也笑了，她从成成身上看到了一种可贵的品质。成成是个有主见的孩子，只要他认为自己是对的，他就会坚持去做。在这一次堆高游戏中，他自始至终都坚持自己的观点，没有受到老师言语的影响。王老师要是阻拦他的话，这种难能可贵的个性品质就会被扼杀了。王老师在全班小朋友面前表扬了成成坚持自己的主张、勇于尝试、不怕失败的优点，对其他幼儿起到了潜移默化的教育作用。

当孩子表现出在幼儿园难以适应的时候，老师先别急着下结论或给孩子贴标签，而是要多花一些时间和家长交流，向专家咨询，找到孩子行为表象背后的原因，并且尽可能地给孩子创造一个适应他的小环境，而不是一心把孩子打磨成特定的形状，塞进固有的框架。

有个姑娘，上幼儿园时总是动个不停，没有一刻安静。老师很头疼，拿她没有办法，只好请家长把孩子带走，并建议去医院检查一下，看看孩子有没有毛病。妈妈带着小姑娘到了医院，医生给她做了检查，没发现有什么异常。但医生注意到这个孩子在整个过程中，一双小脚总在有节奏地踢打。医生把小姑娘带进一个空房间，给她播放了一段音乐。出来后，医生对她的妈妈说："你的孩子没有任何问题，送她去一个舞蹈学校吧，她会让你惊喜的。"妈妈接受了医生的建议。这个小姑娘长大后成为英国皇家芭蕾舞团的首席舞蹈家和世界闻名的编舞大师。

如果没有那位慧眼识珠的医生，小姑娘的一生恐怕就是另一番光景了。幼儿教师也许不能成为相马的伯乐，但起码可以试着努力去了解每一个孩子，心里多存几个问号，把判断多悬置一会儿。那个"笨"孩子可能就是未来的爱因斯坦，那个小"话痨"或许就是未来的莫言。

4. 给不同的孩子不同的帮助

个性化教育和全面发展并不矛盾，在允许孩子发展自己兴趣、发扬各自优势的同时，也要注意帮助每个孩子修补其所欠缺的地方。因此，幼儿的个性化教育应当遵循扬长补短的原则，即在尊重幼儿个性的基础上，关注幼儿的弱项和问题，引导幼儿全面均衡地发展。老师应当密切注意孩子身上表现出的差距或弱点，及时给予有针对性的帮助。

大鹏是一名大班孩子，喜欢画画。一到幼儿园活动区活动的时间，他就喜欢坐在美工区里画啊画。在家里也一样，几乎到处都有他的作品。可是大鹏不喜欢运动，长得也很胖，运动能力弱，跳绳、拍球这些基本的运动技能，他都勉强掌握。大鹏的爸爸妈妈很犯愁，于是和老师商量，希望老师能帮助解决这个问题。正好幼儿园马上要开运动会了，老师就有意识地在区域活动的时候邀请美工区的小朋友画一些关于运动会的海报，这需要孩子们具备一些关于运动的知识和经验。在这种氛围之下,大鹏也开始尝试着参加一些体育活动了,并在绘画作品中有所体现。于是,老师当着全班小朋友的面对大鹏进行了表扬,并鼓励他回家后也坚持运动,和爸爸妈妈一起为班级制作运动会海报。这样经过一段时间,大鹏开始渐渐接受了运动,并在老师和家长的鼓励下能够坚持运动了。在这个过程中,老师巧妙地运用了扬长补短的策略,在大鹏爱画画的长处和不爱运动的短处之间搭起了一座桥梁,帮助大鹏逐渐形成了运动的习惯,促进了大鹏的全面发展。

个性化教育与集体教学方式也不矛盾。集体教学是我国大多数幼儿园开展教育教学的基本组织形式之一。如何在集体教学活动中关注和尊重每个幼儿的特点和发展需求,最大限度地促进幼儿的个性化发展呢?个性化的集体教学活动首先要从幼儿的学习特点出发,在基础要求一致的前提下提出具体、明确的层级性和多元性的个性化活动目标。活动资源是引导幼儿思考、发现、创造的基础。个性化教育要求老师要认识到幼儿自主选择的能力和价值,精心选择、组合具体、适宜的活动资源,使其具有开放性和可选择性。要根据幼儿的能力差异提供丰富的、多层次的学习内容及操作材料,吸引不同能力水平的幼儿去自主选择、探究学习,并激发不同层次上的多种思考。各类活动资源应能相互作用,能加强教师、幼儿与教学环境的多向联系,密切师幼、幼儿间的多向交流,让幼儿从不同角度进行探究,使得不同个性和学习风格各异的儿童都能找到合适自己的活动。

在语言活动"森林快车"中,围绕活动目标,老师准备了"森林快车图"(由红鞋子、南瓜、水果、动物等组合而成)、鞋子、南瓜、水果、动物以及小云朵、汉字卡片(抬、抱、滚、驮等动词字卡)、空白卡片(用来代替老师未准备到的动词字卡)等活动资源。老师根据活动目标,适当吸收分组教学、个别教学等其他教学组织形式中对幼儿发展有益的成分,增加小组活动、个别活动的机会,使每一个幼儿都可以有机会选择适合自己的学习方式、方法和速度,展示自己的所思所想,发表自己的见解与意见。在"森林快车"的教学过程中,有全班性的集体讨论与交流——关于小云朵作用的讨论，有幼儿的个别思考与编讲——自由想象故事情节，有小组的合作与交流——与邻座幼儿的交流与讨论等，组织形式丰富多样，为每个幼儿都创设了大胆想象与交流的机会与条件。针对幼儿的个体差异，老师对每个幼儿的援助、指导也有所不同。在"森林快车"这一活动中，针对孩子们在编讲中遇到的困难，老师分别给予了不同的援助：或以只言片语给予提示性帮助；或采用帮一半、留一半的办法，提供一点线索，让他继续编下去；或采用示范讲述的方法，引导他将故事说完整些……多样性的援助指导，让每个幼儿都在原有基础上得到了发展，并体验到了成功的快乐。

5. 让不同的孩子得到同等的待遇

身有轻微残疾的孩子也可能出现在普通幼儿园的教室里，这些孩子有权利享受和其他孩子一样的教育机会。对待这样的孩子，相信大多数老师都会饱含同情，自觉地付出更多的心血。需要注意的是，过度照顾会导致孩子丧失一些锻炼的机会，所以老师一方面要多关注残疾孩子的特殊需要，另一方面也要尽可能地给这些孩子提供和正常孩子均等的发展机会。

幼儿可能对同伴的残疾很好奇，非常希望了解他们。老师可以与小朋友分享自己所了解的知识，也可以让残疾儿童和同伴聊聊自己的感受。残疾儿童给幼儿教师和其他孩子带来的除了挑战，还有意想不到的收获。和残疾人有过近距离接触的人更能理解他人，对人更宽容，更富有同情心，对自己的健康和智力也有更积极的认识。在获得这些益处之后，孩子们往往能从残疾同伴可以做到的事情的角度来看待他们，也能从自己可以做到的事情的角度来看待自己，形成积极的自我概念。从这个意义上说，残疾孩子给予了我们一笔特殊的财富，这是其他任何人都不可取代的。所以，淡化同情、强化尊重，他们只是这个教室里的另一个孩子，只是他们的困难比别人多一点而已。

美国的一位母亲出了一本书，描述了自己身为残疾儿童母亲的经历。书中有这样一段："我让她退出了呆了好几年的特殊教育中心，进了一家普通幼儿园。安娜是班上唯一一个坐轮椅的孩子,也是唯一一个不会说话的孩子。老师以前从没教过严重残疾的儿童。第一天早晨,当我们推着轮椅进入满是四岁孩子的喧闹教室后,老师对我们说:'回去吧,别担心,不会有事的。'真的没发生什么事。每当有问题产生,我们就一起想办法。在那一年的年底,安娜开始说话了。我认识到,教育一个残疾孩子并不需要特殊的人,这个人只要是个好老师就行了。"

"在这个世界上有一片属于残疾孩子的未被认可的土地,我们需要去认领它。目前推广的一体化教育给了我们希望,这是过去几代残疾儿童家长不敢奢求的。这个希望就是:当我们的孩子长大后,他们可以被社会接纳为正式成员。我们比我们原来预想的要幸运。"(Statum, 1995)。

! 实践反思

1 小组辩论:幼儿的个体差异是先天的,还是后天的?

2 选择一个主题,设计一份教学活动计划。请特别说明在这个教学活动中是如何兼顾不同个性孩子的需求的。

3 针对下面一些孩子的个性特点,小组讨论如何帮助他们得到充分的发展。

小班的妞妞对牛奶等所有奶制品过敏,凡是含牛奶成分的饼干和饮料都不能吃。

中班的东东注意力特别不容易集中。

大班的维维在数字方面表现出了超乎一般孩子的兴趣和能力。

大班的小鱼口吃比较严重,语言表达困难。

《艺术语言,以探究为基础的幼儿园美术活动》

作者:(美)安·佩洛　著,于开莲　译

出版社:教育科学出版社

出版时间:2011 年 2 月

　　没有好的艺术技能,画不出一幅漂亮的画,做不出一件精美的手工作品。我能成为一名合格的幼儿美术教师吗?幼儿园美术活动是要强调幼儿的作品或结果,还是要强调过程?衡量美术活动成功的标准是什么?怎样利用金属丝、油画棒等材料以及废旧物品进行艺术创作,同时发展幼儿的探究能力?本书为幼儿教师提供了对幼儿园美术教育进行思考和探索的新视角,全方位展现:(1)15 种幼儿园美术活动的指导方法,生动具体的美术活动步骤和指导语;(2)在美术活动中发展幼儿探究能力的原则,以及将原则运用于教学的真实案例;(3)实践瑞吉欧教育理念的具体案例,用艺术引导幼儿进行丰富的探究。

《幼儿生活活动指导》

作者:廖莉,吴疏影,袁爱玲

出版社:福建教育出版社

出版时间:2012 年 10 月

　　本书是对幼儿园生活活动,包括幼儿入园、进餐、喝水、盥洗、如厕、睡眠、离园等环节,如何进行切实有效的指导、促进幼儿健康发展做了全面的阐述。问题真实,案例典型,分析透彻,实用性强。

《幼儿教师常用资源包》

作者：张燕

出版社：北京师范大学出版社

出版时间：2013 年 1 月

　　本书将实践经验加以梳理，并将其转化为可操作的培训手册，使没有专业背景却有志于以流动儿童或是农村儿童为对象从事学前教育的人员可以边做边学，同时体会其中蕴含的教育理念，通过不断实践，也能成为一名基本合格的幼儿教师。

《给幼儿园教师的 101 条建议——游戏指导》

作者：邱学青

出版社：南京师范大学出版社

出版时间：2011 年 6 月

　　本书主要涉及游戏的基本理念、游戏指导策略以及游戏与课程教学的渗透三个方面的内容，包括"基本理念篇"、"环境创设篇"、"观察指导篇"、"讨论建构篇"、"环节渗透篇"、"各类游戏篇"等相对独立的 6 个部分，共 101 条建议。每条建议独立成章，但彼此之间又相互关联、交叉及部分重叠，目的在于给一线教师提供一种理论与实践相结合的、兼具实用性与操作性的指导，为贯彻落实"幼儿园以游戏为基本活动"的基本理念提供一种努力的方向。

《幼儿园一日生活环节的组织策略》

作者：宋文霞，王翠霞

出版社：中国轻工业出版社

出版时间：2012 年 1 月

入园、盥洗、进餐、喝水、如厕、自由活动、午睡、离园是幼儿园的八大生活环节。能否把这八大环节组织好，直接关系着幼儿教师的教育教学工作能否顺利进行。全书每个环节各成一章，每一章又分为两部分：常规要求和指导要点；问题诊断与应对。尤其是在第二部分，根据不同年龄段儿童存在的问题，提供了大量的策略、活动、儿歌和故事。无论是初入职的新手教师，还是在生活环节组织方面缺乏技巧的老教师，都可以从本书中获益匪浅。

《共读绘本的一年——孩子如何在故事里探索世界》

作者：(美)佩利　著，枣泥　译

出版社：新星出版社

出版时间：2013 年 5 月

本书取材于真实的教学案例，作者是美国著名幼儿教育专家、作家、演讲家。整整一年，她与孩子们一起读绘本、讲故事、做表演、画海报，还跟故事作者通信。她创造性地将故事的力量融入教育，孩子们则展现出惊人的精神力量，获得了令人瞩目的成长。本书一经出版即在美国幼儿教育界产生了广泛而深刻的影响，获得多项大奖。

《谁说没人用筷子喝汤》

作者：杨茂秀

出版社：首都师范大学出版社

出版时间：2012 年 1 月

本书提供了 20 个关于儿童哲学的真实案例，并从叙事智慧和思考实验两方面进行了深入讨论，父母、老师都能从中看到儿童哲学的印记,了解儿童哲学的研究与教学。谁说儿童不懂哲学呢? 不妨从这本书开始,一窥儿童哲学的门径……

《许多孩子,许多月亮》
作者:蓝剑虹
出版社:东方出版社
出版时间:2011 年 1 月

每个孩子都能透过画笔,发现他自己。孩子所拥有的包容性与可能性,如深邃的海洋一样充满未知。给他一支画笔,一点启发,就能创造出一个不可思议的世界。书里的 30 堂美术课,从开放和探索出发,突破传统教育的方法和思维,在与孩子的实际互动中,得到许多动人的结果。艺术家想从孩子身上寻回的可贵素质,我们想要理解孩子、理解艺术的企图,都能在《许多孩子,许多月亮》中得到启发。

第三章

小心轻放童年时光

　　幼儿阶段最需要的是以爱为屋梁、以经验为砖瓦，为孩子建立一个心灵的安全居所。这个温暖坚实、遮挡风雨的庇护所，是建立健康人格的基础。心灵有了可靠的栖息地，孩子才能放心地拉着老师的手去探索世界，在游戏中慢慢经历未来生活中将会经历的欢笑、伤心、挫折、成功……孩子们将从不会遵守规则，到遵守规则，再到了解规则背后的意义，最后会创造规则。真实世界的生活就在孩子脚下。

第一节　给孩子系上心理安全带

幼儿的心理健康是以主要照料者的爱为后盾的，在心理依恋的纽带上，幼儿在这头，父母和老师在那头。如果这个纽带不结实，飘忽不定，孩子会感觉惶惑不安，无所适从。如果这个纽带坚实可靠，孩子就可以抓牢它，勇敢地向前迈步，体验成长的快乐和自豪。

话题聚焦

镜头一

入园一个月时，幼儿已经能够逐步接纳教师的安抚，愿意尝试控制自己的情绪，但在离园时看见别的小朋友家长来接时，大家还是免不了出现心急的情况，急着走出门去张望自己的家人来接了没有，这样很容易出现安全问题。如何才能既保证幼儿的安全，又能使幼儿在离园的整个过程中能保持愉快的心情呢？小班徐老师和姜老师开始思索并尝试借用蒙氏班的走线活动，她们在睡觉屋的地上用即时贴贴了一个长方形，并准备了六个地垫，每名幼儿吃过晚饭盥洗后，就先到睡觉屋拿地垫自己选玩具玩，待幼儿基本都吃完饭后，大家随着收玩具的音乐把玩具地垫送回去后，开始和保育员老师

听轻音乐走线。听着优美的音乐,变换不同动作的走线,能够帮助幼儿调节着急离园的烦躁心情。幼儿在睡觉屋活动,与家长接孩子的地方相对隔离开,幼儿不容易看到别的孩子与家长团圆的景象,心情不会受到太大影响。睡觉屋离门口较远,可以预防幼儿在老师不留神的时候溜出教室,确保了幼儿的安全。这样一来,离园时间一切有条不紊,幼儿和老师都能保持一种愉快的心情。

◆ **定格思考**

1 小班老师们的做法在哪些方面有益于幼儿的心理健康?

2 根据你的经验,哪些时候幼儿容易情绪不稳定,怎样做才能帮助幼儿保持积极的情绪?

◆ **细节透视**

1 幼儿离园,已是一天教学活动的尾声,看似是一个很小的细节问题,可徐老师和姜老师没有忽略这一细节,仍然把孩子们的心理需要放在心头,细致地考虑到了孩子的情绪,是真正爱孩子的体现。其实,幼儿园一天工作下来,老师大多疲倦不堪,也有急切盼望离园的心情。很多幼儿园的老师,让孩子在一边玩,自己则忙着收拾物品,准备下班。可是徐老师和姜老师到最后一刻也没有松懈,这更显得难能可贵。

2 徐老师和姜老师不仅具有重视儿童心理健康的意识,更有懂得如何帮助幼儿摆脱焦虑的专业素养。她们开动脑筋,合理调整离园常规,让幼儿在愉快轻柔的游戏音乐中,放松心情,暂时忘却等待的烦恼。"眼不见,心不烦",幼儿的注意力容易分散,两位老师深谙幼儿的心理特点,把游戏地点安排在睡觉屋,使幼儿不容易看见外面的家长,可以专心做游戏,也就不容易产生焦虑情绪。

3 徐老师和姜老师的这一举动也有助于老师自己调节情绪,放松心情。如果幼儿烦躁不安,秩序混乱,老师也会疲于应付,心情烦躁。老师的情绪直接传递给孩子,老师的心理健康直接影响孩子的心理发展,所以要让工作井然有序,让自己从容不迫,这是对自己的爱护,但归根结底是对幼儿的爱护。

镜头二

有一天,吉老师把一把新的卷笔刀放在办公桌上,去了一趟走廊,回来就不见了。吉老师把这事告诉孩子们时,注意地观察每一个孩子的神情。她从三十几双眼睛中发现了一双惊惶不安的眼睛。然后吉老师用亲切的口吻说:"现在,我想请每个小朋友对老师讲一句'悄悄话',老师不会把这悄悄话告诉给别人的。"接着,小朋友就按座位一个个轮流到老师跟前说悄悄话。当那对"惊惶的眼睛"移到老师的身边时,泪水出来了。问问把一只小手伸进老师的口袋,在她的耳边轻轻地说:"老师,卷笔刀还给你。"吉老师笑着替他擦干了眼泪,说:"你的悄悄话最好听。"他也笑了。从那以后,问问的表现很棒,受到了小朋友的好评。

又有一天,全班小朋友在操场上活动,大家爬上爬下、跑前跑后,玩得很尽兴。就在这时,吉老师发现牛牛从滑梯后面向墙根挪过来,神色有点奇怪,手还捂着裤裆。"牛牛尿裤子了!"有几个小朋友大声叫起来,牛牛的小脸一下子就涨红了,眼看就要哭出来。吉老师走过去,神色自然但大声地说:"我看看,是不是汗湿了?哦,牛牛玩滑梯玩得太多了,汗都湿透了。"过来看热闹的小朋友走开了,吉老师轻轻对牛牛说:"我们去教室换一条干净的裤子吧。"牛牛使劲地点了点头,脸上的神色缓和多了。

◆ **定格思考**

1 吉老师用"悄悄话"的方式处理了一个幼儿拿走卷笔刀的行为,这样做的好处有哪些?

2 在牛牛尿湿裤子后,吉老师撒了个谎给牛牛解了围,这样做合适吗?如果是你,你会怎么处理?

◆ **细节透视**

1　吉老师有一颗包容的心,她了解幼儿的心理和行为特点。当发现卷笔刀不见了,而且可以肯定是班里的孩子拿走之后,她并没有摆出一副警察面孔来追查案情。她深知,孩子拿走卷笔刀,绝大多数情况下是出于好奇和喜欢,只是一时没能控制住自己的欲望,违反了规则。幼儿毕竟是幼儿,自我控制力有限,需要成年人不断加以提醒和帮助。

2　当她发现那双惊恐的眼睛之后,心里就明白了。孩子害怕,就意味着他已经认识到自己错了。在这个时候,无需多说教,只要让孩子纠正错误就行了。最重要的是,不要让孩子觉得做错一件事,老师就不喜欢他了,就成了"坏孩子"。除了爸爸妈妈,幼儿最在乎的就是老师的评价。当老师表现出对犯错的宽容、对承认错误的肯定时,孩子的自我印象就不会受到打击。

3　吉老师是个特别懂得保护幼儿自尊心的老师,她没有借这件事在全班进行教育。当众批评、杀一儆百看似管用,但它的杀伤力太大,特别不适合用于幼儿。在拿东西的问题上,很容易被上升到"偷"的性质,被理解为严重错误。如果事情喧嚷开,问问就可能被贴上"小偷"的标签,这对于一个幼儿来说伤害太大了。

4　吉老师为牛牛解围也是为了保护孩子的自尊心,牛牛的神情已然告诉老师,他为尿裤子感到羞耻。老师的急中生智帮助他化解了尴尬,使他免于被其他小朋友笑话。其实孩子一时玩"疯"了,来不及去厕所的情况时有发生,这跟孩子的身体机能和神经机制的发育有关,尿湿裤子并不是件羞耻的事,也不是错误。吉老师在这件事后,可以找一个机会告诉全班小朋友:尿湿裤子没什么大不了的,小朋友可以大大方方地告诉老师,换一条裤子就行了。老师也需要在活动前及活动中适时提醒小朋友上厕所。

行动方案

为幼儿创造一个心理安全支点,其实只需两个词:爱与尊重。但这两个词落实在行动上却是在点点滴滴、时时刻刻中体现的,它应该渗透在幼儿每日的在园生活中。

幼儿的心理健康教育不是"阳春面加交头"这种外在式的,也不是仅靠增加一个活动就能完成的。它需要老师把教学活动里内在的、潜在的因素挖掘出来,促进幼儿的心理健康,让幼儿在潜移默化中保持积极健康的情绪。

1. 让幼儿在生活常规中感受到关爱

教师对幼儿的爱是教育中最宝贵的营养。只有沐浴在爱的甘霖下的幼儿才会有安全感,才能适应幼儿园环境,学会与同伴、教师交往,形成活泼开朗的性格。幼儿总是先感受到成人对自己的爱,进而才能发展到爱周围的人。如果教师不爱幼儿,幼儿就无法适应冷漠的幼儿园环境与温馨的家庭环境间的巨大反差,就会怕上幼儿园,怕老师,患上"幼儿园恐惧症"。

老师的爱要表达出来,孩子才能感受到。每天入园时老师的迎接和问候都会让幼儿感到温暖,心里踏实,如果哪天老师没有和自己打招呼,或者打招呼时脸上没有笑容,孩子就可能怀疑老师是不是不喜欢自己了。新入幼儿园的孩子中午午睡时总是爱用眼睛窥探周围,寻找老师。只有听到老师的声音,看到老师的笑容,才能安心。

> 每天午睡时间,成老师都会在每个小朋友的床前停一下,给孩子们一个温柔的微笑,或者拍拍背。她发现,反复几次,孩子便能安静入睡。班上的浩博刚上幼儿园的时候总是不肯午睡,一到中午就会哭闹着要妈妈。成老师从家长口中知道,平时午睡都是妈妈抱着她,陪在她身边,久而久之也就养成了只有妈妈陪着才肯午睡的习惯。了解到这一点,成老师开始主动与浩博沟通,每当午睡的时候,都会陪在她身边,摸摸她的头。浩博会伸出胳膊抱着老师,这时候老师也会很配合地去抱她一会儿,慢慢地,她开始愿意睡午觉了,而且越睡越安稳。

幼儿做任何事情,总会不时抬眼看看老师,他们能准确地从老师的眼神中得到信息。如果是赞赏,他们就继续;如果是疑问,他们就停止。犯了错误,孩子的第一个反应就是看老师的神色,老师的表情是幼儿心情的晴雨表。幼儿也许在言语理解上还不成熟,但他们对肢体语言的领悟总是敏感而准确的。所以,老师可以用各种各样的方式表示对孩子的爱——微笑、拥抱、亲吻、抚摸、拍打、嬉闹、善意的玩笑……我们并不一定非要整天把"爱"字挂在嘴边，含蓄的语言和动作也同样可以对孩子表达充分的关爱。

> 入职一年的小梅老师在她的年终小结中写道：在刚开学的时候，方老师一直说：我会用自己的眼睛要所有的孩子的眼睛都看着我，然后我才开始说我要说的话。慢慢地我明白其中的含义了：如果孩子不注视你，他在做其他的事情，那么你所说的话对他来说全是"空气"。现在我也爱上了眼睛，我爱用眼神去与孩子们交流。在实践中，我感到这是一种无声胜有声的教育艺术。每天清晨，迎接每一位孩子的到来，我都先看一看小朋友的眼睛，当我与小朋友目光接触时，我总会送去一个微笑。短暂的眼神交流，让孩子感受到温暖。在组织教学、游戏等活动时，我也感受到了眼神交流的重要性。如：孩子情绪不稳定时，我要用微笑的眼神去看看他，让他感受到老师眼神的魅力、老师眼里的温暖。孩子年龄小、自控力差，总是与老师的要求相违背，此时老师过多的话语提醒势必会影响教学内容的实施，点名批评又会伤害幼儿的自尊心，于是我尝试用眼神。用眼神给他们传去要求，他们果然会收敛许多。有的小朋友在活动中表现很好时，我会送去一个赞许的眼神，他的积极性也就更高了。性格内向的小朋友敢举手发言了，我及时地送去一个鼓励的眼神，他就敢于大胆地表述了。我还会暗示大家掌声鼓励他，使他更有自信。当遇到小朋友不听话时，我用生气的眼神注视他，让他意识到自己做得不对，并尽快改正。我希望，我与孩子们能慢慢地达成用眼神交流的默契。

作为幼儿教师，对孩子的爱应该宽厚、博大，应该是无条件的。无论孩子美丑敏拙，教师都应给予同等的关注和爱。另一方面，教师喜爱幼儿不应该是因为幼儿表现出来的某种能力或特点。

> ——"老师喜欢你吗？"
>
> ——"喜欢！"

——"为什么喜欢你？"

——"因为我能干，可以帮老师干活。"

——"我画画好。"

——"我长得漂亮。"

——"我不知道，反正老师喜欢我。"

——"为什么不喜欢？"

——"我是常老师班上的，所以常老师喜欢我。"

如果你教的孩子大多用后三种方式回答，那么可以相信你一定是一位打心眼里包容和接纳所有孩子的老师，而且你让孩子们感受到了一种无条件的爱。这种爱不需要任何本领、特长、优势去挣，只要做自己就有老师爱。有这样信念的孩子怎会不自信，不阳光？

2. 让幼儿在活动中感受到尊重

心理学家马斯洛有一句名言："最健康的自尊是建立在当之无愧的来自他人的尊重之上的。"尊重儿童是幼儿心理健康成长的前提，是幼儿人格健全发展的保证。尊重幼儿主要表现在：平等、民主地对待幼儿，尊重幼儿发展的积极因素，让幼儿主动地发展。如果成人的言行中处处体现着对幼儿的尊重，就会使幼儿意识到他们在这个世界上是有价值、有能力和必不可少的，从而帮助他们获得积极的自我概念。如果幼儿发现自己是被忽视的，又经常为做错事而遭到责备，幼儿会逐渐在心里确认自己是无能的，进而导致幼儿丧失最基本的自尊与自信，最终建立起消极的自我概念。作为一种稳固的心理特征，幼儿的自我概念一经确立，便会相对持久地保持下去。很难想象，一个整天要服从于老师指令或时不时遭老师指责的幼儿会构建出活泼开朗、宽容友善的人格特征。因而，"尊重幼儿"这一行为本身所内含的潜在教育价值是不该也不能被忽视的。

"上课不许说话，再说话胶带封嘴！"

"起来，站到教室后面去。谁让你不安分！下课小朋友谁都不许跟他玩！"

"你不是跟你妈妈说昨天没吃饱吗？今天给你吃两碗,不吃完不许睡觉!"

"你会打人啊？真没看出来,你本领还挺大。怎么看见老师就不打了？有本事再打啊!"

现实生活中,这样的训斥、威胁、报复、讽刺时有发生。有些教师以权威自居,要求幼儿绝对服从,否则就批评、惩罚。"听话的孩子才是乖孩子"是一句常挂在家长和教师嘴边的话,可这句话里深藏着对儿童人格的不尊重和对待儿童的不平等。所以,教师要不断反思自己的态度和言行,真正让幼儿得到尊重和接纳。

3. 让幼儿在自主活动中体会成就感

积极的自我概念需要成功体验的积累。幼儿教师应尽力给每个幼儿创设成功的机会,满足他们成功感的需要。幼儿逐渐在"你能行"的鼓励声和"你真行"的赞扬声中形成"我能行"的自我评价,确立自信,体验积极情绪。自尊和自信与成人给予的表扬和鼓励直接相关。付出努力后能够得到赞许的儿童自尊心强。鼓励和表扬会使儿童在生活的其他方面也更加自信,能更融洽地与他人相处和担负责任。

在当前社会环境之下,成就体验对于幼儿来说格外重要。担心孩子"输在起跑线上"的家长常常将幼儿提前推进正式学习的轨道,可孩子各方面的发展水平还没有准备好,无端受挫成了常态。教师作为幼儿教育的专业人士,有责任在幼儿园内为孩子维护出一个属于幼儿的世界,让他们成为这里的主人和成功者。

一天下午,中班绘画活动的主题是"美丽的花朵"。郑老师把画纸发给孩子们后,照旧向他们提出了要求:"不要把颜色涂到线外面","颜色一定要涂满","不要太重,否则油画棒会断"。孩子们很快选择好自己喜欢的颜色,并按要求涂了起来。郑老师巡视了一圈,发现小雨迟迟没有动笔,就问她为什么不涂色。"老师,我怕涂到线外面。我涂不好,我自己看着也不舒服,老师改也改不好。我要是在画画中把笔弄断了怎么办?"没想到孩子有这么多的顾虑,因为怕做不好都不敢下笔。郑老师对小雨说:"你心中的花儿是怎样的,你就怎样去涂色,涂坏了没关系,你在旁边再画几朵花,直到你满意为止。"
"老师,颜色没涂好没关系吗? 可以从头开始吗?""当然,你不用担心,大胆地涂色吧!"老师一再保证,小雨才开始画。旁边别的孩子也都松了口气。

　　这件事对郑老师很有触动,她认真反思了自己提出的要求:这些要求是不是超出了孩子的能力范畴? 绘画课究竟要达到什么目的? 孩子体会不到乐趣和成就感的课程值不值得继续? 后来,郑老师的绘画课再也没有提过这样的要求,孩子们的画作也都原生态地展示在外面,不再有老师修改的痕迹。现在孩子们给爸爸妈妈展示自己作品的时候可以理直气壮地说:"这全是我自己画的! 老师一点也没有改!"

　　随着幼儿自我依赖感和独立性得到发展,孩子的自尊和自信就能得到进一步的提升。培养儿童独立性的最好方法是,让他们在能力所及范围内尽可能多地承担责任。例如,老师可以在绘画开始前,请幼儿帮忙给桌子铺上报纸,把桌子擦干净,或者把书放到书架上。别小看这些普通的活动,它给幼儿提供了充足的余地来获取信心。如果孩子自己主动要求承担一些任务,老师应该感到高兴,但要有耐心,因为孩子很可能一开始做得并不好。擦桌子拿错了抹布或书放错了书架都没有关系,重要的是儿童开始向独立迈进了。批评会使得这类任务变得琐碎而讨厌,而且会打击儿童的信心。当然,适当的困难和挫折才会让人心理成长、成熟,所以可以鼓励孩子接受一些挑战,经历一些磨练,促进孩子心理免疫能力的提高。孩子世界的问题就让孩子去解决,老师在背后用爱和耐心支持孩子即可。尽量用间接指导的方法教育孩子处理问题的技巧和看待事情的角度,不要急着直接出手帮忙。

　　天气暖和后,孩子们的衣服单薄起来,小班的老师决定让孩子们开始学习自己穿衣穿鞋。孩子们积极性都很高,虽然总有穿错的时候。小朋友的进步是很明显的,只是每天午睡起来后,很多孩子的鞋左右会穿错。孩子们都一个个跑到老师面前,叽叽喳喳地问:"老师,我的鞋穿对了吗?"老师让小朋友们互相检查,结果有的孩子把穿对的鞋改成了错的,让老师哭笑不得。于是,老师想到了一首儿歌"鞋宝宝找朋友",一边和小朋友唱儿歌,一边让他们学习识别和配对的诀窍。孩子们学得很快,穿错鞋的情况越来越少,小朋友和老师都很开心。

体育活动能让幼儿尽情舒展肢体,奔跑欢跳,是孩子们喜欢和向往的。而且体育活动一般都具有激烈、紧张、挑战性和竞争性强的特点,总是伴随着强烈的情绪体验和明显的意志努力。因此,体育运动有助于幼儿放松身心、宣泄情绪,同时还能培养幼儿勇敢顽强、坚持不懈、不惧挑战的品质。幼儿在集体体育活动中能体验到相互帮助、合作和分享,还能帮助幼儿学会机智灵活地解决问题的技能,使幼儿保持积极、健康、向上的心理状态。幼儿在不断提高自己活动水平或战胜对手的活动中,收获成功的喜悦。

一所小区幼儿园物质条件和场地有限,老师们就充分挖掘每一自制玩具的可变性和多功能性,自创了很多对空间要求比较低的体育活动。例如:玩纸棒时可夹棒跳、隔棒双脚跳、过小河跨跳,走迷宫,对击比赛等。体育活动多样,难度有高有低,每个孩子都能找到自己喜欢并可以完成的项目。老师有时组织趣味体育比赛,项目难度不大,主要目的是让孩子们互相帮助地完成任务,让每个孩子都感受到自己是不可缺少的,是很有价值的。

4. 让孩子学会表达和管理情感

幼儿的情感和成人的一样丰富,如果他们能够表达并接受自己的感受,就更有可能接纳和尊重他人。儿童需要理解,他们期望别人满足自己的需要并倾听自己的主张、感受和思想。有些儿童在生活的某些阶段会有错综复杂的情绪感受,但他们可能没有能力将这些感受准确地分辨并表达出来。幼儿教师可以利用游戏来帮助幼儿表达和探究他们的感受,还可以特别安排一些活动来鼓励幼儿表达自己的感受,让幼儿把各种情绪说出来、哭出来、唱出来、画出来,或者和汗水一起淌出来。

读故事可以鼓励儿童谈论感受,故事里的主人公类似的经验能帮助幼儿认识到并非只有自己有这种感受。例如,家庭里多了个小宝宝的故事、一个害怕上学的孩子的故事,或一个因父母离异而不快乐的孩子的故事,这些故事能给幼儿提供一个与成人分享经验的合适通道。与儿童一起制作图书也是一个有助于儿童分享感受的好方法,同时它还能帮助儿童识字。一本集体创作的书可以取名为"让我开心的事"或"我不喜欢的东西",儿童可以参与绘画,成人则负责写下儿童想要表达的内容。

想象游戏可以帮助儿童通过表演表达感受。幼儿可以在家庭区角游戏中"扮演"某个角色,这样儿童可以与他们信任的人分享体验。儿童还需要有机会独自表演出他们的感受,不受他人的干扰。

绘画、音乐、舞蹈、体育等活动更是有助于幼儿表达情感的途径,尤其在幼儿的语言表达能力不足的时候。自由绘画能给幼儿带来一种一切尽在掌握的控制感和成就感,歌曲或音乐能够舒缓情绪,舞蹈和体育活动能让孩子用身体的运动消耗掉负面能量,让负面情绪和汗水一起挥发掉。

给予儿童机会表达负面情绪同样重要。有时,成人会通过逗乐、转移注意和表示"这点小事,没什么"来消除儿童的消极感受。但这种方式实质上忽略了幼儿的感受,可能会使幼儿认为除了快乐,其他的情感都是不被接受的。他们会将情感掩藏起来,过度压抑有时会导致令人痛心的后果。

5. 在家园合作中渗透幼儿心理健康教育

幼儿园应该主动与家庭沟通,关注家长及家庭的心理环境,争取与家长联起手来呵护孩子的心灵家园。

现在的家庭常常是"四二一"家庭,独生子女是家庭中的掌上明珠,家长们呵护备至,不管孩子的要求是否合理,都娇宠溺爱,有求必应。另一方面,家长对智力发展的重视程度和期望值极高,幼儿在物质的极大满足中却承受着越来越重的心理负担。一些家长的幼儿心理健康意识淡薄,根本认识不到潜在的隐患。有些家长误将孩子的不良行为习惯看成个性,把老师纠正幼儿不良习惯的要求当成不尊重孩子,不愿与老师配合,这同样不利于孩子健康心理的发展。

这种情况下,特别需要幼儿园教师采取主动,多和家长沟通,让家长理解心理问题就像煮饺子,可能在幼儿园就"下锅"了,但到高中、大学才浮上来。心理问题一旦产生,常常会伴随孩子的一生,影响他们的生活、学习和工作。只要老师诚恳地从幼儿的角度给家长讲明道理,并提供切实的帮助,家长就会明白幼儿心理健康的重要性,愿意和老师合作,共同为孩子创造良好的心理发展环境。

中班有一个叫琳琳的女孩总是表现得很内向,从不主动与老师和小朋友交流,上课也从不主动回答问题,被老师提问时畏畏缩缩地说不出一句话来。她还有一些不寻常的行为习惯,比如,有人靠近时会下意识地护头,总是吮手指。有一次,琳琳的家长给她的手指上涂满了蓝墨水,特地嘱咐老师们不要让她洗手,以阻止她吃手的行为。起初,琳琳竭力忍着,可后来手指上的墨水还是被吃得干干净净。而且似乎老师越纠正,她越不安,吮手指的次数越多。张老师很为这个孩子感到担心。

经过一段时间的观察、交谈和家访,张老师对琳琳的情况有了更全面的了解。琳琳父母工作很忙,平时孩子由爷爷、奶奶、外公、外婆、保姆轮流带,孩子需要频繁适应不同的人和环境。琳琳和父母在一起的时间很少,而且父亲脾气急躁,有时见琳琳不顺眼,会甩手给她一巴掌。张老师决定三方面齐头并进帮助琳琳改变现在的状况。

第一方面:与家长沟通。张老师一次次地与琳琳父母谈心,好几次上门家访,孩子的父母起初还有些烦,但最终被张老师的诚意打动。在张老师的帮助下,琳琳的父母认识到自己忙于工作、忽视孩子是问题的根源,他们调整了工作时间,定了每周计划表,确保有时间陪琳琳。父母说不知道该跟孩子玩什么,张老师就买了一本育儿的书送给他们,并且教了他们几招简单的家庭游戏。

第二方面:想办法占用孩子的双手,转移孩子的注意力。在幼儿园里尽量引导琳琳去做自己喜欢的事,如,搭积木、画画、玩插塑等。张老师也不刻意纠正她吮手指的行为,只是给予一些暗示,重点在于消除她的紧张感。

第三方面:关心孩子,表扬孩子的优点,鼓励她与其他小朋友交往。张老师发现琳琳爱看书,爱听故事,接受能力很强就时不时地表扬她这些专注、努力的表现,孩子略有主动与他人交往的行为,张老师就立刻夸奖和鼓励。渐渐地,琳琳的不良行为减少了,人也开朗起来,在集体活动中不再退缩,对他人产生了信任感,习惯性用手护头的动作也在不知不觉中消失了。

1　幼儿在环境转变的时期特别容易焦虑不安,如刚入园时,转到一个新幼儿园或新班级时,原来熟悉的老师离开、来了一个新老师时……在这样的时期,你该怎样做才能帮助孩子尽快适应新的环境,建立安全感? 请列一个策略清单。

2　小组讨论:结合自己的经验,说说哪些行为表现反映出幼儿有焦虑的情绪。如果发现了这些行为,你会怎样处理?

3　角色扮演:根据以下情境,思考回应的方式,并表演出来。

刚接手一个班时,有一个孩子大声对你说:"我讨厌你! 我喜欢以前的王老师!"

一个小男孩重重地摔了一跤,很疼,眼泪在眼眶里打转。

一个孩子做了一架自己最满意的纸飞机,一不小心飞到院墙外面,找不回来了,他哇哇大哭。

一个孩子在游戏时没有分到自己想要的材料,生气了,拒绝参加游戏。

放学时,一位家长对你说:"我女儿在家从来不碰抹布的,你不要再让我孩子擦桌子了。这些事应该你们老师自己做的呀。"

4　阅读下面的问题,结合自己的工作实践,看看自己有没有做到。

我是否经常提起我们的和儿童的行为会给他人带来怎样的感受?

我是否感谢儿童在活动中付出的时间和帮助?

儿童是否有机会负责具体任务、区域或器材?

儿童是否被鼓励去选择、取出和返还玩具和材料?

我是否给予儿童表扬和无条件的认可?

我是否通过提供选择和有拓展空间的活动设法鼓励儿童获得活动的拥有权?

我是否鼓励儿童自己取用和放回器材?

我是否鼓励儿童找到并穿上自己的外衣?

儿童是否有机会参与整理玩具、准备点心、打扫桌面及其他日常任务？

我是否有时间听个别儿童说话？

我是否接受儿童的负面情绪而不是感到必须消除这样的感受？

当儿童表现出社会性行为时，如轮流，我是否表扬他们并解释他们的行为会使他人产生什么样的感受？

我是否以自己的行为做榜样，如等待轮到自己或者询问自己是否可以加入？

我是否使用道具，如手偶和玩具熊，来帮助儿童谈论事情。

第二节 给孩子装上行为导航仪

纪律约束是老师培养孩子良好行为习惯的手段。对纪律策略的选择体现出老师对权力的理解和运用方式。有些老师认为权力是绝对的,凭借着成年人的强大体魄和资源优势,喜欢直接命令或强制幼儿按要求行事。有些老师对权力有着截然不同的理解,他们不愿意靠强迫来操纵别人。相反,他们更多地把自己看作是对幼儿负有责任的成年人,应该确保孩子的利益。他们认识到在师生关系中,孩子处于弱势,因而特别注意在建立权威的同时,保护孩子的尊严和信心。这样的老师能根据孩子不同发展阶段的能力,选择积极的纪律策略,恰当地使用权力要求,并帮助孩子遵从合理的规范。

 话题聚焦

镜头一

钟老师在给小三班的小朋友上课,涵涵和桥桥的兴趣完全在自己的话题里,压根儿没有心思来听老师讲,更严重的是,他俩叽叽喳喳的声音还影响了边上的同伴。钟老师不动声色地一边继续上课,一边想着怎么巧妙地既"控制"住这两个"小鬼",又不影响教学进程。于是,钟老师没有严厉地制止他们,而是请涵涵回答问题:"涵涵,请你说说今天来了哪几条小鱼?"涵涵

一直在聊天,自然回答不上来。于是,钟老师又接着问桥桥:"桥桥,你来帮帮你的好朋友吧!"桥桥也是一脸茫然。最后,钟老师请其他小朋友一起来帮助他俩回答。"现在记住了吗?"涵涵和桥桥连忙点点头。"那请你们再回答一遍刚才的问题。""有两条蓝色的小鱼,三条红色的小鱼和一条黄色的大鱼。""看,只要上课认真听,你们都能回答对问题,都是聪明的孩子!涵涵,你的座位离老师有点远啊,所以你听不清楚老师说话。来,换到前面一点儿就能听清楚了。"钟老师一边说着,一边把涵涵的座位换到了前面。这样,钟老师在鼓励他俩的同时,也间接地提出了上课的要求。涵涵和桥桥接下来的时间听得可认真了,都非常积极地回答问题。

◆ **定格思考**

1 钟老师让爱说话的小朋友集中注意力的策略为什么管用?

2 除了这样的方法,还有什么策略可以帮助幼儿在上课时遵守纪律?

◆ **细节透视**

1 钟老师发现两名幼儿上课聊天后,用一种宽容温和的方式处理问题,是因为她尊重幼儿的天性,深知幼儿的心理和行为特点。幼儿心里藏不住事情,总喜欢说出来。所以,一遇到新鲜的事情,他们总是喜欢分享,只是常常分享的时间不太对。对于幼儿来说,缺乏课堂规则意识、控制能力差是难免的,孩子们需要一点帮助和提醒。

2 钟老师没有在全班幼儿面前训斥讲话的幼儿,因为如果这样做,会破坏课堂气氛,打断教学的连贯性。同时,当着全班幼儿的面批评幼儿,也是不尊重幼儿的表现。她只是用提问的方式提醒了孩子要注意听,不仅保护了孩子的自尊心,还让幼儿补上了刚才错过的内容,使得他们能够跟上课程内容。

3 在制止讲话行为后,钟老师找了一个借口,巧妙地把爱聊天的孩子的座位隔开,把其中讲话的主导者安排到靠近老师的位置,通过对环境的调控帮助孩子控制自己的行为,避免讲话问题再度出现,使得后续的课堂活动能够顺利进行。

4 钟老师继续上课前,重申了上课的要求,对所有小朋友起到了事先提醒的作用。这有助于幼儿明确老师的期望,控制自己的行为。虽然上课听讲是一贯的规定,但由于幼儿的认知能力、记忆力和自我控制能力有限,对规则的反复提醒还是有必要的。

5 在集体教学活动中,当幼儿只顾着自己聊天而不听教师讲课时,教师可以这样做:轻轻地走到幼儿的身边,摸摸他们的头,提醒他们注意听老师讲课;运用一些有趣的游戏,吸引孩子的注意力。除了上课聊天,有的孩子还喜欢在上课的时候打闹,招惹边上的同伴,或是出现其他影响集体教学的状况。这就要求教师在班级管理的过程中要做个有心人,了解每一个孩子的发展情况,在上课之前,对不同类型孩子的座位要有不同的安排。比如,尽量不要让几个非常调皮的孩子坐在一起,应该让他们的座位分开;教室座位的排列不宜过于密集,否则容易引起幼儿的喧闹。对于个别特别不守规则的孩子,教师可以在上课之前先做提醒,鼓励他遵守规则。

6 如果班级孩子上课常规普遍比较差,教师就应该深入分析自身的原因:是教学内容不吸引幼儿,还是教学方法太死板枯燥?同时,教师还应了解幼儿的性格特点,并在此基础上调整教学策略,使教学活动生动有趣,内容富有挑战性。教师也可以在上课之前与孩子建立约定,提出上课的要求。必要时,还可运用一些物质或精神的奖励进行正强化,鼓励遵守规则的幼儿。一旦幼儿形成了好的习惯,便可取消强化。

7 还有一点也很重要,就是要为幼儿提供自由聊天的机会。幼儿教师经常发现,孩子们在洗手间特别活跃,聊天聊得特别起劲。因为这段时间,教师不一定会在洗手间内,没有了教师的管理,幼儿在洗手间会感到无拘无束,所以聊天也特别起劲。因此,教师应每天为幼儿提供自由交流的机会。教师可以在教室环境中为幼儿创设温馨、私密的"悄悄话"区,让好朋友一起聊聊天;也可以在一日活动中安排专门的、固定的聊天时间,让幼儿知道,哪一个时间段是聊天时间,让他们把想和好朋友说的话都在这个时候说一说。

镜头二

自从早操结束,刘老师的耳边就不停地出现孩子们的告状声:"老师,马

嘉打我，呜呜……""贝贝打我，呜呜……""康康搞我椅子……"由于都是新生，本身早晨入园情绪都不是很稳定，经过这么一闹，班级简直一团糟。

起初，刘老师的处理方法是：不断地询问、调解："马嘉不能打人，打人是不对的，跟他说对不起"，"贝贝，你为什么要打他，不能打人，要和他手拉手玩……"可是老师的口干舌燥并没有换来安宁，仍然哭的哭，闹的闹。

晚上回家后，刘老师左思右想，终于醒悟到：自己的做法治标不治本。小班幼儿还小，常常不能准确理解别人行为的意图，而且不懂得正确提出要求和回应同伴的方法。因此要杜绝告状，需要的是引导幼儿正面理解同伴意图，并在交往中学会使用正确的语言和行为。

第二天，刘老师给孩子们上了一节课：首先用 10 分钟的时间在全班把所有孩子的优点一一介绍了一遍。例如："马嘉小朋友很能干，思思摔跤了她会把他拉起来，很棒！""贝贝会帮老师拿茶杯"……接着刘老师说："今天是我在夸小朋友，以后我们每天做一个'夸夸我的好朋友'的游戏，让你们和老师一起来夸夸其他小朋友。"

刘老师在引导幼儿注意发现同伴优点的同时，告诉幼儿：在玩的过程中，如果小朋友用手碰你一下，那不叫打，那是因为他想和你交朋友，想和你一起玩。接着交代幼儿：如果想和好朋友玩耍，要用小嘴巴说，不要用"手"说。可以问："我们一起玩，好吗?"此外，刘老师还专门找那几个喜欢用手推拉小朋友的幼儿谈话，告诉他们不要推拉小朋友，如果能做到，老师奖励贴花。

幼儿有时会告状到家长那里，不明情况的家长会找老师理论，针对这一情况，刘老师在家长会上重点与家长沟通了孩子"告状"的问题，讲述了自己的观点和做法，得到了家长的一致支持。同时，家长在老师的指点下，对孩子间的攻击行为有了更理性的理解，愿意配合老师正确引导孩子。

◆　定格思考

1　刘老师的做法有哪些可取之处？

2　有些时候我们会对幼儿说"如果遇到……，你可以告诉老师"，但幼儿频繁到老师面前告状也不是好现象，你如何处理这样的矛盾？

◆　细节透视

1　刘老师处理幼儿的告状问题时，没有停留在应对问题行为的表面，而是能够积极反思，从深层次的根源上考虑问题解决的途径，这是一种真正从幼儿的角度出发，为幼儿发展着想的体现。刘老师认识到，班级里互相指责的风气非常不利于幼儿的人格和社会性的健康发展。而要改变班级氛围，首先要引导幼儿改变认识世界的方式，唤起幼儿的积极情绪，这样幼儿才能更好地彼此相处。同时她明白幼儿思维能力和行为控制能力的局限性，因此要从引导和帮助幼儿发展新的社会交往技能入手，而不是单纯用规则约束。

2　刘老师在常规中加入了"夸夸我的好朋友"环节，让孩子们每天都相互赞美一下，让每个孩子都得到认同和鼓励，非常有助于幼儿建构积极的自我概念，因为同伴评价对幼儿的自我印象形成也是非常关键的。刘老师在活动正式实施前，给孩子们做了示范，让幼儿知道哪些行为是值得赞赏的。刘老师带领小朋友一起夸，是因为考虑到刚入园的幼儿对于"优点"这一抽象概念把握不准，老师可以用举例的方式帮助小朋友把优点落实到具体的行为上。

3　刘老师考虑到幼儿的一些不当行为是因为认知局限造成的，所以她用明确教授正确行为的方式，告诉孩子哪些可以做，哪些不可以做，并示范了正确做法。这样的方式是公平的。在幼儿还不清楚行为规范时，让他们了解规范是最主要的，一上来就惩罚是不公平的。

4　刘老师充分认识到家园合作的重要性，尤其在幼儿开始学习树立规则意识的时候，老师和家长的一致性是非常重要的，否则孩子会觉得无所适从。刘老师与家长及时沟通，争取家长的认可和支持，达成老师和家长处理思路的一致，孩子就能更快地根据期望调整行为，适应新环境了。

行动方案

幼儿需要学习遵守社会规范,学会控制行为,学会与人相处。老师有责任采用积极的纪律策略来帮助孩子完成社会化过程。老师需要在尊重幼儿的基础上,以一种无私的态度和方法,给孩子提供足够的信息,让孩子领会什么是正确的行为,并给予时间允许孩子逐步练习、调整或改正。积极的纪律策略着眼于教育,而不是惩罚,其核心是保护孩子的自尊和自信。

1. 从幼儿的视角制定合理规则

首先,从孩子的利益出发设置规则,抓大放小,不需要事事唠叨,但基本原则决不放松。明智的老师应注重以下几个方面的规矩:

(1) 健康和安全规则:培养孩子必要的卫生习惯、饮食习惯、起居习惯。严格规定安全游戏场所和玩耍规则,避免身体伤害,同时保证孩子心理上的安全感。

(2) 自控规则:帮助孩子学会控制冲动,延迟满足,养成规则意识。可邀请孩子参与规则的设定,在一定范围内让他们自己选择和决定,并让他们体验自己选择的后果。

(3) 社交规则:友善对待他人。坚决不允许贬低和伤害别人的行为,鼓励分享、合作、互让、互助的行为。

第二,根据孩子的年龄阶段,设立符合他们的发展特点的规则。老师需要了解孩子在当前这一阶段认知、语言、运动、社会交往能力发展到了哪一步,这样才能确定合理的期望值,不至于对孩子提出过高的要求,或给予过分保护。

第三,规则有主次,要让孩子知道这一点。一般来说,关系到孩子健康和安全的规则最重要,如:注意卫生、不做危险的动作等。同样重要的是阻止孩子伤害别人的规则,如:不能打架、咬人等。其次是社交规则,如不破坏别人的物品、在别人休息时保持安静、帮助别人等。再次是礼仪规范,如吃饭时不吧唧嘴、坐有坐相等。最后是孩子可有选择余地的行为规则,如玩什么游戏等。

幼儿园大班搞了一个以读故事为主的教学实验,有十个小朋友参加。老师和儿童围成圈,说故事,讨论故事。

第一天,老师开始讲一个"会走路的鱼的故事"。"……祖父竟然带着那条鱼,到车站来接他。它用尾巴走路,像狗用后脚站着走路。"故事讲到这里,冲冲就在地板上倒立起来,学鱼走路,使得故事很难继续讲下去。有几个小朋友开始抱怨,也有好几个孩子跟着学倒立。怎么办呢?这所幼儿园有个规矩:小团体的规则可以在老师的引导下,由小朋友开会制定。于是,大家开会制定规则:听故事的时候,不可以倒立。

老师继续讲故事。"……只要大人跟小孩一起做的事,这条鱼都喜欢跟着去。"这时,冲冲又说话了:"这条鱼玩金箍棒吗?"一边说,一边站起来做金鸡独立的样子、做挥棒的姿势。他单脚站不稳,跌倒又站起来,站起来又跌倒,干扰了讲故事。小朋友又规定:"听故事的时候,不可以金鸡独立。"

老师再接着讲:"……鱼不小心掉到湖里。因为太久没在水里,鱼差点淹死。幸好小孩会游泳,他潜到水里把鱼救了上来。"冲冲一下把小宇翻倒在地,大声叫道:"我要给鱼做人工呼吸!你当鱼。"孩子们又规定:"听故事的时候,不可以把别的小朋友当鱼,做人工呼吸。"

故事继续进行,规定不断增加,形式是:"听故事的时候,不可以……"

周周小朋友皱起了眉头,她对老师说:"老师,我们的规定只能规定'不可以做什么'吗?能不能规定'只能做什么'?"

后来,小朋友们经过讨论,得出一个规定:听故事的时候,只能静静地坐在地板上听。

2. 根据幼儿的特点清晰表述规则

首先,事先对孩子,尤其是刚入园的幼儿,讲清楚什么是符合期望的行为。比如,给孩子发食物时,就应该预先说清楚:"如果你不想吃了,就告诉老师,然后把碗留在桌上。"而不是事后冲孩子嚷:"为什么把吃的东西扔到地上?"尽可能预先提醒孩子应该怎么做,申明什么是不被允许的,预防孩子犯错,减少事后的批评指责。

第二，用孩子能理解的语言说明规则。讲清楚规则是什么，并解释为什么定这条规则，这能帮助孩子遵守它，控制自己的行为。孩子越小越需要解释，不要以为他们听不懂，而只是简单地下命令。对幼小的孩子需要放慢语速，用具体、简单的词汇和简短的句子表达。"请小朋友把积木放进积木桶"而不是笼统的"把东西整理一下"或"收拾教室"。即便是大些的孩子，也需要明确的指令。因为对于同样的目标，孩子的理解可能和成人的不一样。比如，孩子以为只要玩具不在地上就算整洁了，而老师的要求却是玩具必须分别放进柜格里。

第三，多用正面语言，少说"不"。比如，当孩子用手背擦鼻涕时，老师最好说"请用纸巾擦鼻涕"，而不是"不许用手擦鼻子"。还可以用建议的方式提要求："我有个主意，我们先把桌子铺上报纸，然后再来画画。"这样的口气往往比命令更容易让孩子合作。

第四，在适当的情况下，让孩子作选择。比如："你今天睡这头，还是那头？"不过，要避免无限制的选择范围，也不要出无选择的选择题，比如："你想不想睡觉？"采用"如果……，就……"的句型，效果会比较好，如："如果大家中午好好睡觉，下午老师就给你们讲个好听的故事。"

第五，问孩子听明白没有。让孩子重复老师刚才讲的话，而不是简单地问"明白吗？"如果孩子不清楚老师的规则，则要换个方式表达，直到孩子理解为止。

第六，给孩子留有理解和接受规则的时间。不要指望一次教育就能彻底解决问题，对于同一项规则，老师可能要重申好多遍。因为记忆力、认知能力和自控能力的限制，孩子往往会反复犯同样的错误。要有耐心，请记住他们还是孩子。当老师知道孩子的某些行为习惯尚未养成，就需要及时、巧妙地提醒孩子，这样孩子就能够欣然地按照要求去做。

第七，传授或暗示正确行为。当孩子出现不良行为时，我们的最直接的反应往往是："不许这样！"然后期望孩子表现出恰当的行为。但我们忽视了一点：可能孩子并不知道怎样做是对的。孩子有时需要我们明确地告诉他们该怎么做。

与此类似，当孩子出现打人、咬人、推搡别人等攻击性行为时，要先了解事情的原因，在惩罚不当行为的同时，告诉孩子在这种情况下应该采取什么样的合理行动。

三岁的安安又一次跟小朋友抢玩具,陈老师很烦恼,因为她已经因为这事罚过安安无数次了。她经过反思,意识到安安语言表达能力弱,可能不知道除了抢,还有什么其他方法可以得到他想要的玩具。陈老师改变了策略,她告诉安安:"你不能抢别人的玩具。如果你想要,可以用你的玩具跟小朋友换。瞧,你可以用这个小汽车跟平平交换,他要是不喜欢,你再拿那个小熊试试。"果然,安安与小朋友争抢玩具的情况少了。

3. 帮助幼儿理解别人的感受

　　当老师对孩子的行为感到高兴、担忧、失望、生气、恼怒时,可以使用"我"语言表达自己的真实感受,从而让孩子学会理解自己的行为对他人的影响。"我"语言是指以"我"字打头的表达方式,包括三个部分:(1)老师确切的情绪感受,(2)幼儿让老师生气的具体行为,(3)为什么这样的行为会使老师难受。例如:大鹏乱摔玩具,老师刚修好,隔了几分钟他又给弄坏了,老师对大鹏说:"我很生气! 你乱摔玩具,把玩具弄坏了,老师好不容易才把玩具修好。你不爱惜,我很难过!"

　　"我"语言的焦点在老师自身的情绪感受和产生这些情绪的原因,其优势在于:(1)这样的表达有助于老师理智地对幼儿讲清楚自己的期望和要求,帮助老师控制自己的情绪。(2)让幼儿明白老师的反应,学会理解自己的行为对别人的影响,学会从别人的角度考虑问题,为他人着想,从而更自觉地改变行为。幼儿有能力领会别人的感受,只是需要老师给予机会锻炼,以加强这样的能力。(3)使幼儿有机会参与解决问题的过程。幼儿可以从老师那里学到"我"语言的表达方式,并模仿这样的方式回应老师,表达自己的感受。在这样坦诚对话的回合中,往往能发现问题的根源,商量出解决问题的方法。

　　"我"语言有两种类型:赞赏性"我"语言和预防性"我"语言。

　　赞赏性"我"语言同样由三部分组成:老师的感受、幼儿的什么行为使老师产生这样的感受,以及幼儿的行为对老师产生的具体的影响。例如:老师对幼儿说"谢谢小果上厕所前告诉了老师,我知道你在哪里就放心了,要不然我会担心的!"在没有矛盾冲突的时候,使用赞赏性的"我"语言能够提高师生关系的质量,而且它在改变孩子行为方面的作用常常超出人们的想象。

苏老师看见一贯调皮、爱捣乱的聪聪正在抹桌子,就对聪聪说:"谢谢你,好孩子！我真开心,你帮老师打扫卫生,老师就轻松多了。"聪聪干得更起劲了,后来天天要求帮老师抹桌子。聪聪告诉老师,他以前也打扫过一次,不过老师没有在意,聪聪觉得没劲,就不干了。苏老师意识到以前的注意力过多地集中在纠正孩子的不良行为上了,决心以后多注意孩子的良好行为,并用语言表达赞赏和感谢。

预防性"我"语言主要用于预告可能出现的问题,事先告诉幼儿老师的需要或要求,让幼儿了解成年人也是需要帮助的,并给他们机会积极配合老师。比如:老师说"老师今天嗓子痛,讲话只能轻轻讲,需要小朋友们安静",孩子就会明白你的需求,往往愿意帮助你。

下午区域活动时,秦老师发现有些小朋友总是用命令的口气对同伴讲话:"丫丫,给我拿铅笔来！""瑞瑞,给我拿着树叶和剪刀。"秦老师分析:这一时期,幼儿的"自我中心"占了上风,总是从自我出发来进行活动,很少能主动去考虑别人的感受。而且,幼儿受到成年人的影响,有意无意地学会了以命令式的口气说话。为了改掉幼儿用命令式的口气说话的方式,培养他们互相尊重的精神,秦老师做了以下几个方面的工作:从自身做起,避免用命令的口气对幼儿讲话,常常使用"我"语言的句式表达赞赏和感激,提醒幼儿注意规则,创造出一种民主、和谐的气氛。秦老师还通过讲故事、做游戏等引导孩子们想到他人、认识他人、理解他人、同情他人。然后,在一日活动中随时纠正幼儿命令式的讲话,给幼儿示范恰当的说话方式。通过一段时间的培养引导,班上的小朋友逐渐改掉了用命令式的口气讲话的习惯,还学会了更多的礼貌用语,秦老师非常高兴。

4. 多给幼儿一些表扬和鼓励

俗话说得好:"良言一句三冬暖,恶言一声暑天寒。"无论是大人还是孩子,都喜欢受到表扬和鼓励。尤其是孩子,鼓励会使他们更加健康地发展,而批评打击的一句话,则会让幼儿变得畏缩犹疑。

对孩子恰当的行为给予正面的鼓励可以有效地帮助孩子保持良好行为,表扬和赏识有助于培养孩子的自尊和自信,并能促进老师与孩子之间的亲密关系。

奖励是对一个行为的回报。有时候行为的回报是发自内心的感觉,比如孩子奔跑跳跃,并乐此不疲,是因为他们觉得这样很开心。他们喜欢画画或玩拼图游戏,是因为这些游戏乐趣无穷。有时候行为的回报是外人给予的,这种外界给予的回报或奖励可分为三大类。

社会性奖励:如微笑、注意、表扬、拥抱等。

物质奖励:如食品、玩具、礼物等。

特权或活动:如去动物园、允许多玩半小时户外游戏等。

社会性奖励应是教师的首选。因为这种奖励不增加经济负担,不过于正式,而且对孩子有着长久的心理裨益。对具体行为或品质的表扬,能够帮助孩子发现他们自己都没有意识到的优点,增强他们的自信。另外,社会性奖励的经常使用能够使得课堂氛围温馨、和睦,充满信任,对孩子内化规则、自觉改进行为最有好处。老师需要弄清楚的是:幼儿最喜欢哪种社会性奖励。有的孩子喜欢被亲吻、拥抱,而有的孩子则喜欢口头表扬。针对孩子的喜好,给予他最在乎的奖励,效果会更好。

当孩子刚建立一种良好的行为时,老师需要在每一次这样的行为出现后,及时给予表扬。等到这种行为习惯稳定下来,老师可以间歇性地给予奖励。老师使用表扬等社会性奖励时应注意以下几点:

(1)距离孩子近一些,看着孩子的眼睛。直接的注视表示你在郑重其事地夸奖孩子,孩子会感到自己和自己的行为意义重大。

(2)微笑。有时候微笑本身就是奖励。当老师用语言表扬孩子时面带着微笑,孩子就能感受到老师内心的喜悦。

(3)表扬具体的行为。使用"我"语言。告诉孩子老师对他的什么行为感到高兴,如:"我很高兴你自己修好了玩具。"而不是泛泛地说:"你真能干。"当幼儿帮了老师的忙,哪怕是很小的事,也要记得感谢他们。如果孩子知道老师在关注他所做的每一件事时,就会加倍努力。

(4)把焦点放在幼儿的行为上,而不是幼儿本身。表扬分三种:①过程指向的表扬,即肯定孩子完成任务过程中的努力和进步,如:"你跟小朋友合作得很好!""你很用心!""你刚刚学画时,连笔都拿不住的,现在已经会画手绢了。""你这次做得比上次好多了!"②结果指向的表扬,即夸奖孩子的成果,如:"你画的画真好看!""你全做对了,真不简单!"③个人指向的表扬,即对孩子品质的评价,如:"你真乖!""看你多聪明!"过程指向的表扬最有助于孩子恰当地评价自己、看到自己的进步、正确地分析成功与失败的原因,从而增强能力和信心。

(5) 及时给予奖励。行为发生后,奖励越及时越有效果。

5. 谨慎适度地运用惩罚

惩罚是给孩子的行为消极的回馈以减少这种行为发生的次数。使用惩罚,有几条基本原则。

(1) 越早越好。一旦发现孩子违反规则,就要立刻采取行动制止,不要等到情况失去控制才作出反应。惩罚应该在发现不良行为之后立刻实施,而不要拖延。事后再惩罚孩子,孩子就无法体验到自己行为的直接后果。尤其幼小的孩子,可能都想不起自己刚才犯了什么错。因此,这对行为的纠正不能起到很好的效果。

(2) 保持冷静、客观。有时老师的恼怒也是孩子想要的,孩子可能在用"犯错"来获得老师的关注。此外,对老师的惧怕或抵触,常常会使孩子忽略对违反规则本身的反思。对有些孩子来说,得不到老师足够的注意比得到负面反馈还要糟糕。也就是说,他们宁可挨批,也不愿被老师忽略。所以,当孩子发现自己做某些事准能引起老师的反应时,就可能会利用这一点,试图以此获取老师的关注。那些平时很少得到老师表扬的孩子尤其可能如此。因此,老师在对犯错的孩子进行纪律约束的同时,要多关心他们,要毫不吝啬地对孩子好的表现给予及时的肯定和鼓励。

(3) 说出孩子违反了哪条规则,语言要干脆、简练,不与孩子争论,避免讨价还价。老师在实施惩罚时,必须明确孩子违反了规则,并让孩子知道因为什么错误而受到惩罚。不要唠叨,因为惩罚本身就有足够的说服力了。孩子可能会争辩,抗议惩罚的不公平,如果你确信没有冤枉孩子,就不要理会。在双方已经不快的情况下进行争论,往往会导致老师的情绪失控,老师在气头上很容易出现不理智的举动。关键时刻,老师必须以冷静的、毋庸置疑的态度控制局面,保证自己的权威。孩子在受到惩罚时,有时会嘴硬:"我不在乎。"或是摆出无所谓的姿态。有的老师可能因此加重惩罚或改变惩罚的方式。其实,孩子这么说常常只是为了挽回面子,或试图表示自己仍能控制局面,他的内心感受则恰恰相反。老师不要被孩子的言语误导,仍应该按照自己的判断采取措施。另外,不要因孩子受罚时的抱怨和不满而加重对他们的责罚,没有人会心甘情愿地接受惩罚。要允许孩子表现自己的情绪。对孩子的嘟囔,就不要追究了。孩子有时会哀求老师:"我下次再不这样了,这次就算了吧。"心软的老师免不了动恻隐之心,暂且放孩子一马或减缓处罚。但是,老师的言出必行是十分重要的,在惩罚孩子时也应坚持原则。既然犯了错,就要按规定受罚,不能含糊。改正后,另行表扬或奖励。否则,孩子的行为得不到有效的纠正,纪律的权威性也将不断受到孩子的挑战,因为有了一次讨价还价的成功,孩子还会用同样的方法逃避责罚。这样,在某种程度上,是孩子控制了局面。

(4)采用温和的惩罚方式。温和的惩罚方式包括批评、取消特权、暂时隔离等。①批评,是一种温和的惩罚。老师在批评孩子时,应语言简略、语气严肃,并配以否定的表情或手势,表示自己不喜欢这种行为。②取消特权是另一种温和的惩罚。老师可以规定如果孩子遵守规则,就可以得到他希望得到的东西。如果违反规则,就取消资格。比如,如果孩子不按时吃完午饭,就不能到小花园散步。③暂时隔离,最好用于孩子出现攻击性行为、破坏性行为或危险举动的时候。暂时隔离,就是让孩子离开正在从事的活动,到一个相对僻静的角落独自呆几分钟。这样做的好处是,可以让孩子有机会冷静下来,思考自己违反了什么规定。

(5)对同一种行为的惩罚必须保持一致性和一贯性。如果孩子犯同样的错误,遇到老师自己情绪不好时,就大加责罚;情绪好时,则宽容姑息,那么这个错误持续的时间就会更长。家长和老师之间也应该达成一致,对孩子最近需要重点纠正的行为要互相通气,确定统一的规则,使用同样的约束策略。

(6)同样的行为,同一个老师,有的孩子受到惩罚,有的孩子则平安无事;有的孩子受到的惩罚重,有的则轻。为什么呢?因为孩子的个性气质与老师的亲密程度常常影响老师对其行为的反应。因此,老师要特别注意不能感情用事,在施行纪律时一定要一视同仁,在同一场景下犯了同样的错,就应该受到同样的惩罚。

(7)强化孩子事后出现的正确行为。任何惩罚都是对孩子行为的消极回馈,仅仅依靠否定来帮助孩子改变行为,效果不可能最佳。及时强化孩子纠正后的行为,能够大大提高孩子转变的速率。在孩子的行为最初出现我们所期望的改变时,尤其需要老师的肯定和鼓励来巩固。要知道，革除一个旧习惯，学会一个新行为，是双重的进步呢。

6. 理智解决幼儿的问题

当幼儿持续的行为问题引起老师的烦恼时，老师该如何采取措施改变这恼人的状况呢？不必焦急，可以尝试使用"解决问题七步法"。在每一步中，老师都需要问自己一个问题。

第一步："什么行为需要改变？"

老师必须弄清并确切描述幼儿的行为或想法，并观察其发生的频率和特点。记住，要描述具体行为，而不是对孩子作出评价。比如：要说"佳佳不收拾玩具"，而不是"佳佳太懒"。然后观察这样的行为什么时候发生或多久发生一次，在什么场合发生最多；这样的行为是否总在某一位老师在场时出现，而与另一位老师在一起则很少发生。当老师仔细计算孩子某个行为的发生频率的时候，有时会发现有些行为并不像他们想象的那么频繁。这个过程也使老师了解了这个行为发生的原因，也就容易找到办法去纠正它。

第二步："真的是孩子的问题吗？"

在采取任何行动之前，老师都必须弄清楚幼儿的行为是否真的存在问题。问问自己是不是最近正在为一些事情烦恼，比如工作上的麻烦、婚姻中的危机、和朋友的纠葛等。有时老师不愿直面自己的问题，反而把恼怒归结在幼儿身上。

当老师确定幼儿的行为确实需要关注时，老师需要问自己："我对幼儿的要求是否过高了？"如果这个答案是肯定的，那么这个问题就是老师自己的，而不是幼儿的。老师需要调整对孩子的期望值，而不是强迫孩子做他做不到的事。

接着老师还需要问："孩子的问题是不是因为暂时的压力造成的？"幼儿遇到转学、搬家、家里发生大事等情况时，会因为心理压力产生一些行为变化。老师需要重视这些行为变化，并帮助孩子渡过难关，但不需要把它作为孩子的行为问题来处理。

第三步："幼儿是怎么想的？"

一旦老师确定幼儿的行为问题确实存在，就需要了解孩子对这个行为是怎么想的。如果孩子还小，说不清楚，老师需要观察、揣摩孩子究竟是出于什么原因这样做。当孩子大些，老师应该直接询问孩子的看法。有时孩子的回答可以直接解决问题。

第四步："我是否过于急躁?"

解决问题的过程中,老师的注意力集中在孩子的问题上,因寻找对策的困难而烦恼,很容易对孩子发急,忽略孩子其他可爱、有趣的举动。因此,老师格外需要花点时间与孩子一起游戏、活动,保持一种平衡的、积极的、愉快的师生关系。

第五步："怎么办?"

老师找出问题的根源后,应及时采取干预措施,改变幼儿的行为。干预措施可以是设立规则,或强化规则,也可以是鼓励孩子掌握新的技能或学会新的行为。老师常常需要"多"管齐下,同时采用几种方法帮助孩子改变行为。

第六步："这么办效果如何?"

干预措施实行两周后,老师应该再次计算一下问题行为发生的频率,看看有没有减少。如果没有,则重新开始。不要灰心,在尝试一种干预措施的过程中,往往问题会暴露得更清楚,一种更有效的方法可能会跃然于脑海中。

第七步："还有别的办法吗?"

记住:改变孩子的行为,耐心和实践缺一不可。这个措施试试不行,就再试试其他的,总能找到合适的对策。几次成功以后,也许你就成了解决问题的专家。

从事幼教工作十多年的王老师对于纠正孩子的破坏性行为有着深刻的体会:

四五岁的孩子精力充沛,常常爱搞些"破坏",尤其男孩子更是这样。对于孩子的各种"破坏性"行为,应当具体分析,不要动辄就训斥甚至打骂孩子。如果是正常的探索活动,还应当加以鼓励,这是因为孩子的大多数"破坏性"行为一般都是出于好奇心。例如他把闹钟拆开,是想看看里面有什么东西,为什么它的指针能走动;又如拿剪刀把玩具娃娃的衣服给剪坏了,他是想看看剪刀的用处,体会一下剪不同材质的东西的乐趣。对于孩子的这些行为,老师不应当怒不可遏,而是应当正确地加以引导。如钟被拆坏了,可以和孩子一起再把它装上。孩子想试着用剪刀,可以给他旧布、纸以及其他不同的材料来剪。

当然,幼儿的有些破坏行为是需要教育的。如故意把虫子踩死、故意损坏玩具、故意把玻璃打破等。如果对这类行为不及时地加以教育,长大后孩子很可能养成破坏公共财物等的不良习惯。可以通过故事或别的方式引导孩子懂得应该爱护玩具和物品。如告诉孩子:"你看,布娃娃被摔到地上,该多疼呀!"

有时,孩子的破坏行为还有一种原因,就是出于内心的不满。例如他的要求没有得到满足,便借破坏物品来发泄心中的闷气。对这样的孩子,老师应注意疏导他的情绪,耐心地给他讲道理,引导他用合理的方法来发泄愤怒,这样才有利于孩子的健康成长。

7. 保护幼儿的尊严和信心

幼儿教师必须学习接受孩子的错误,不要苛求孩子,把不算错误的事当成错误对待。更不要抓住他们的错误不放。许多教师的注意力过于集中在孩子做错的事上,指出孩子犯的每一个错误,提醒他们必须改正。在这样的指导下,幼儿会觉得自己必须完美才能得到接纳,这样的想法会给幼儿带来巨大的压力和担忧,反而削弱了他们的勇气,阻碍了他们的进步。学过外语的人深有体会,如果老师不断地纠正你的口语错误,你就会越来越不愿开口,害怕出错丢人,从而导致缺乏训练,进步缓慢。

幼儿犯错有时并不是故意的,只是因为思维的局限或经验的缺乏,比如丢三落四、粗心大意、冒失莽撞。帮助孩子克服这些弱点,纠正不当的行为,教会孩子正确处理事情的方式才是明智的做法。幼儿有时也会故意恶作剧,但一定都有原因。老师不要急于批评,而要先设法了解孩子行为的动机和深层次的心理原因,这样才能从根本上解决问题。

无论采用什么样的管束策略,老师一定要保护孩子的脸面和尊严。要尽量避免当众训斥幼儿,让孩子下不来台,因为这样不仅容易激起孩子的羞愧、气愤或逆反的情绪,还可能使孩子的尊严受到伤害。当孩子做错一件事受到老师的批评后,就该让这件事成为历史,让孩子继续向前。不要再反复提起,不要对孩子发表长篇大论,更不要把孩子犯错的事宣扬得人尽皆知。

在一次主题为"卫生习惯"的公开课上，姜老师用生动的表情和柔和的语言描绘着"卫生小标兵"的标准，边说边用眼睛观察小朋友的手指、耳朵。姜老师点名表扬了几个卫生习惯好的小朋友，当她的眼睛瞄到了班上的一个小男孩时，她脱口而出："大家看，森森的耳朵多脏，不洗干净耳朵是不能当卫生小标兵的。"森森的脸"刷地"就红了。姜老师说完就继续讲其他的内容了。第二天上午森森没来，下午来上幼儿园时，姜老师注意到他的头发剪得短短的，耳朵后面洗得干干净净的，但她没注意到森森紧张的神情。上课时，全班小朋友背儿歌，只有森森一动不动地站着，头垂得很低。下午放学时，森森妈妈和姜老师交流，说："今天早上孩子说肚子疼，我就把他送到奶奶那里。中午他一定要我带他去理发，还问了我几遍耳朵洗干净了没有。他好像有点不开心，我最近太忙了，没顾得上他。"姜老师恍然大悟，对前一天上课时的冒失行为感到非常自责。她赶紧向森森妈妈解释了情况，诚恳地道歉。她把森森叫到身边，对他说："老师昨天没了解情况就批评你，让你难为情了，是老师不对，希望森森原谅！老师现在知道了，你是个很讲卫生的好孩子，明天老师在全班表扬你！"森森抬起眼睛，点了点头，脸上的表情轻松了许多。

老师做错事也是情理之中的，如果冤枉了孩子或是做法失了分寸，也应该向孩子道歉。不要为了维护所谓的老师尊严，贬低了孩子的自尊。其实，一个勇于承认错误的老师不仅不会削弱自己的形象，反而能引起孩子对你的勇气的尊敬，同时，你的榜样也使孩子学会在遇到问题时不逃避责任，主动查找自己的原因。这样的行为，有助于培养孩子豁达的品行和宽阔的胸怀。

没有在童年游戏中经历的，最终还是要在成人社会里经历，但付出的代价却大不一样。那些在成长的过程中困难最多、长大后烦恼最多的人，大多是年幼时缺乏纪律约束，没有养成考虑他人、克制冲动的习惯。带着宽容去教育孩子，带着欣赏去鼓励孩子，让孩子感到安全，让孩子充满自信，让孩子勇于负责，让孩子善于同情，让孩子学会自制，这样才能培养出健康、快乐、能干的未来公民。

1　分组辩论：在培养孩子的行为习惯方面，成年人是否应该扮演权威的角色？

2　小组讨论：在运用惩罚时，怎样才能保证不伤害孩子的自尊心？

3　请列一个清单："可以说和不能说"。列出在引导孩子养成规则意识、学会与他人友好相处方面最有效的语言表达方式，以及可能对幼儿造成心理伤害、绝对不可以使用的语言表达方式。

4　采访几位幼儿教师，请她们谈谈在培养幼儿行为习惯方面的经验和教训。

《蒙台梭利幼儿教育著作精选》

作者:单中惠　等

出版社:华东师范大学出版社

出版时间:2009 年 6 月

　　本书选择了蒙台梭利的重要著作《童年的秘密》、《儿童的发现》、《童年的教育》、《有吸收力的心理》,全面呈现了蒙台梭利对"幼儿之谜"的探索和解答,集中阐述了她的儿童观和儿童教育的重要观点。

《福禄贝尔幼儿教育著作精选》

作者:单中惠　等

出版社:华东师范大学出版社

出版时间:2009 年 6 月

　　本书选择了福禄贝尔的《人的教育》、《幼儿园教育学》、《幼儿发展中的教育》、《母亲:游戏与儿歌》等著作,主要凸现了他的教育思想,尤其是他的幼儿教育思想。除《人的教育》外,《幼儿园教育学》、《幼儿发展中的教育》、《母亲:游戏与儿歌》在国内均为首次选译出版。

《幼儿教师 88 个成功的教育细节》

作者:(美)格温·斯奈德·科特曼著,李旭晴译

出版社:华东师范大学出版社

出版时间:2010 年 1 月

培养孩子的社交技能，是幼儿教师最重要、最有挑战性的任务。《幼儿教师88个成功的教育细节》提供了88个幼儿教师与孩子、与家长相处的细节，包括如何与孩子交流、如何应对孩子的错误、如何帮助孩子学会合作与分享、如何与家长合作等。这是一本非常实用、可读性强的指导手册。

《优秀幼儿教师教育艺术99例》

作者：陈泽铭，王先达

出版社：华东师范大学出版社

出版时间：2011年4月

本书以"幼儿教育的起点是成全每一个儿童"为基本理念，共设置六个主题，围绕每个主题收集了全国各地幼儿园教师99个教育艺术的经典案例。本书体例新颖，首先是"具体案例"，通过具体案例的阐述呈现了教师在当初案例中的角色定位、行为及思考；第二是"教育小语"，是案例呈现后教师的点滴感悟和体会；第三是"小贴士"，即根据细节故事提炼出的启示，或者说是这些教师的切身经验与深刻教训。99个教育案例反映了每一个优秀教师的成长过程和教育智慧，是教师朋友培训"充电"的原汁原味的精神大餐。

《幼儿问题行为的识别与应对》

作者：（美）Eva Essa 著，王艳玲、张凤、刘昊译

出版社：中国轻工业出版社

出版时间：2011年1月

"儿童是花朵，教师是园丁。"当成长中的花朵遭遇一些小问题时，园丁们该怎么办呢？本书通过诸多实例，系统而全面地论述了

幼儿最经常出现的 41 种问题行为：打人、咬人、撕书、发脾气、不参加活动、不爱说话、挑食……探讨了它们形成的潜在原因以及步骤明确的处理方法，为幼儿教师提供了一部详实的"园艺指南"。同时，它也告诉我们，幼儿问题行为的处理，是一项春风化雨、润物无声的"园艺系统"工程，而不是"头痛医头、脚痛医脚"的外科手术。

《幼儿教师临场应变技巧 60 例》

作者：冯伟群

出版社：中国轻工业出版社

出版时间：2013 年 1 月

　　本书是一线幼教名师多年工作经验的提炼，是对幼儿教师教育智慧的精彩诠释。面对集体活动、游戏活动、生活活动、大型活动和家园合作中的突发事件，作者以不变的教育理念和多变的教育策略来应对万变的教育现场。同时，与情景再现、临场应变和温馨提示的成书结构有效呼应。

第四章

牵手家长　共同护航

虽然学校教育和家庭教育是两回事,但目标是一致的:希望儿童尽可能健康茁壮地成长,并最大限度地发挥潜能。教师和家长都承担着教育和抚育的责任。教室的私密性、教师与幼儿之间的亲密关系使得幼儿园好像"家庭以外的家庭",教师和家长理应是"自然同盟"。现代生活的复杂性使得教师和家长之间的相互理解显得格外重要,却又困难重重。教师要积极主动地和家长交流,建立起家园共同体,携手合作,为幼儿打造美好的童年世界。

第一节 让信息在家园间对流

话题聚焦

镜头一

小三班的墨墨从小体弱多病,家长对孩子在幼儿园的情况常感到不放心。每天无论谁来接送孩子,墨墨的家长总是不厌其烦地问老师:在幼儿园喝了多少水?中午吃了什么,吃得多不多?睡觉蹬被子了吗?小便后裤子有没有拉好……最后干脆把孩子每天接回家睡午觉。墨墨一生病,家长更是要对老师千叮咛万嘱咐:吃药、增减衣物、喝水……每一项都写在纸条上,交代多遍。一开始,小三班的三位老师还真有点烦,心想:这么不信任我们老师,就别把孩子送来了。她们也有点担心:这么娇惯,孩子成了温室的花朵,经不起风雨怎么行?

带班的王老师和罗老师决定家访一趟,深入地了解一下孩子的情况。这一上门,老师们不禁对自己过早下结论责怪墨墨家长感到惭愧。原来,墨墨的父亲在他出生前出车祸去世了,墨墨妈妈因伤心过度早产了。墨墨出生后情况很危急,在医院的温箱里呆了两个多星期才缓过来。墨墨是妈妈唯一的精神寄托，也是爷爷奶奶的命根子。两位老师一个晚上和墨墨家长谈了很久，仔细了解了孩子的各种情况，询问了家长的要求，回答了他们的各种疑问，然后向家长保证：会尽心照料，保证孩子健康成长。从此以后，班级中的三位老师紧密配合，关心和照顾墨墨，同时引导孩子做力所能及的事：想喝水自己去，热了脱衣，冷了穿衣，有困难可以请求老师帮助。一段时间过去了，每天看见孩子都是高高兴兴、健健康康的，墨墨的妈妈和爷爷奶奶的担忧减少了。与此同时，教师利用递小纸条、电话联系等形式及时向家长汇报孩子的点滴进步，使家长从事实中对老师产生了信任，开始积极主动地配合幼儿园的教育工作了。

打墨墨这件事之后，小三班的老师们也得到了一个启示：遇到不容易沟通的家长，先别急着下结论责怪家长无知、不负责任，而要先了解孩子的家庭情况，体谅家长的心情和实际困难。相互理解了，和谐的家园关系才容易建立。

◆ **定格思考**

1 设想一下，如果小三班老师没有和墨墨的家长深入沟通，会有什么样的结果？

2 你有没有遇到过不好沟通的家长，你有没有想过家长可能有难处？

◆ **细节透视**

1 墨墨的家长在常人看来比较难以沟通，但小三班的老师从孩子的利益出发，努力去和家长交流，争取和家长一起为孩子的健康成长创造条件。这个出发点是家长和老师能够最终达成共识的基础。老师们面临的最大的问题就是墨墨家长的不信任，因此关键就是要让家长相信老师是真心关心和爱护孩子的，而且能负起照顾和教育孩子的责任，家长的心也就能放下了。

2 王老师和罗老师特地抽出个人时间上门家访，希望更多地了解孩子的家庭情况，让家长感受到了老师的责任心，心理上的防线也就有了松动。老师从墨墨的身世了解到这个家庭所承受的痛苦,理解了家长为何对墨墨如此心疼的原因。将心比心,老师一开始的不满也就化解了。老师一方面要运用同理心,从家长角度出发,进行换位思考,想家长所想,和墨墨的家长建立良好的情感基础,另一方面对孩子付出特殊的照顾和关爱,以实际行动赢得家长的信任和支持。最终建立起相互尊重、彼此信赖的合作关系,使得孩子从中获得最大的收益。

③ 小三班老师们的反思也难能可贵。在和家长打交道的过程中,老师常常会受委屈,质疑、不满、指责时有发生。老师们能把自己的情绪放在一边,换位思考,努力寻求家长行为背后的原因,是非常不易的。世上没有无缘无故的爱,也没有无缘无故的恨。只要深入了解了,有些误会就会化解,有些矛盾就会消散。相互理解是建立良好家园关系的第一步。

镜头二

叶老师这学期刚接手小一班。开学后第八周的一天早晨,叶老师带上午班,七点半开始有一两个孩子来园了,送他们来园的父母在送孩子进班级后就离开了。这时,轩轩妈妈却刻意停留了一会儿,叶老师明白肯定是家长有事想和她沟通,于是马上走上前,微笑着与她攀谈起来。

几句寒暄后,轩轩妈妈马上就向叶老师询问起儿子在幼儿园的表现。老师很理解她急了解儿子在幼儿园情况的心情,因此,像作报告一般地告诉她孩子这一阶段的进步。听到老师的表扬,轩轩妈妈脸上露出了自豪的笑容,她开始讲起孩子在家里的表现,在提到孩子有进步的方面时,她看着叶老师,眼神里透露出期望得到赞扬的讯息,叶老师也适时地以惊叹的口气表达了自己的认同。也许是叶老师认真的倾听让轩轩妈妈感受到了老师的真诚,这位母亲也以一种平等的态度、诚恳的语气向老师分析起了孩子的性格,并指出了孩子在学习、生活方面的不足。叶老师听完没有立即发表意见,而是先客观地描述了轩轩在幼儿园的情况,最后才说"如果他能……,那就更好了"。轩轩妈妈一听,连连点头称是。她一边表示在家尽力帮助儿子改正,一边感谢老师对她儿子的关心和照顾。

　　时间很快就过了半个小时,教室里的孩子越来越多了,叶老师频频回头查看到园的幼儿,暗示时间差不多了,轩轩妈妈立刻会意,结束了话题,客气地打了招呼离开了。

◆　**定格思考**

1　叶老师与轩轩家长的交流有哪些值得学习的地方?

2　如果你是叶老师,你还会怎样做来促进家长和老师之间的沟通?

◆　**细节透视**

1　叶老师显然非常重视和家长的交流。她能够抓住时机与家长交流,在早晨迎接孩子入园比较忙的时候,她能够敏锐地发现轩轩妈妈的刻意停留,主动迎上去和她交谈。这既表现出了对家长的尊重,也表达了一种愿意与家长交流的意愿,让一些有顾虑的家长能放下心里的包袱,多与老师沟通。

2　叶老师对如何与家长交流还是做了充分准备的。家长最关心的是孩子,孩子在园各方面的表现是家长最想听到的话。在交谈过程中,叶老师尽量以积极的态度给予正面的表扬,通过描述一些具体的或细小的事件概括孩子的在园情况,说明她很理解家长的需求。因为具体细节增加了表述的真实感,叶老师的话让轩轩家长感受到了老师的用心,增加了对老师的信任,因而愿意打开心扉,主动与老师沟通起孩子的不足之处来。

3　叶老师与家长交流时表现出了一种平等的态度。她没有以老师的姿态对待家长,而是像对待朋友一样,和轩轩妈妈聊天。这使得对话可以轻松进行,不知不觉就深入下去,谈了半个小时。叶老师还注意在谈论孩子的表现时,先说孩子的优点,再说孩子的不足或需要改进的方面,这样家长比较容易接受。而且措辞非常委婉,充分考虑了家长的感受。另外,叶老师通过观察轩轩妈妈的眼神及其他非语言线索来了解家长的心理需要,及时给予回应,令家长感到了老师的诚恳。

4　叶老师更难能可贵的是,她在与家长沟通时能够积极倾听,并能进行"角色换位"思考,提高倾听的效果。与家长沟通时,双向交流很重要。如果老师只顾自己通报孩子情况,要求家长配合教育孩子,沟通往往不会愉快,也很难产生效果。

⑤ 开学八周以后,轩轩妈妈才与老师交流,说明她默默地观察了两个月,才踏出了信任的第一步。这种情况其实很普遍,很多家长不会主动向老师询问孩子的在园情况,因此老师需要更主动地表现出乐于与家长沟通的热情,并创造一些条件让家长多和老师接触和交流。

1. 了解家长的需要与困难

老师要理解家长的"非理性"态度,体谅家长爱子心切的心情。家长对孩子有着"无可比拟的爱",家长在自己孩子身上的投入不计回报,家长希望自己的孩子拥有一切,宁可自己受苦也决不让孩子吃亏。有时候家长的"非理性"态度确实是出于对孩子深厚的爱。如果这么想,你的心就会柔软几分,对家长的做法就不那么强硬地对抗了。

幼儿教师还时常会遇到看似不负责任的家长,有些孩子的父母平时根本不照面,对教师提出的善意劝告也置之不理。为此有的教师会想不通,甚至感到愤怒。家长的确有责任抚养孩子,并积极与幼儿教师合作,共同促进孩子的成长,但仍有一些因素是家长所无法控制的,他们心有余而力不足。因此,学会理解父母的难处,有助于我们换位思考,并从实际情况出发,找到解决问题的办法。

展老师是一名幼儿园老师,在有自己的孩子之前,她无法理解为什么有的家长不参加亲子活动、不帮助孩子完成手工作业。在遇到幼儿的不良行为习惯时,她会想:"你是家长,你得负责,为什么你不解决这个问题?"有了孩子以后,展老师的态度产生了变化,她坦言:"我对很多问题变得敏感了,和家长说话的方式柔和了很多,因为我现在体会到为人父母意味着什么了。"

如果教师能够意识到家长在孩子的问题上有多么脆弱和敏感,那么,与家长沟通就会更容易些。当孩子出现任何问题时,家长都是首先被问责的人。家长很难接受有关孩子的负面消息,尽管他们嘴上说要教师说实话。当孩子在幼儿园不快乐时,家长可能知道,也很可能不知道该怎么办。他们内心不仅焦虑,而且愧疚。很多家长会觉得自己教子无方,并下意识地表现出防御行为,为孩子辩护,否认孩子的问题,以至于错过对孩子更有利的教育机会。当家长感到受伤时,就不容易保持理智。如果教师能够理解孩子的不快乐将给家长带来怎样的痛苦,教师就会被看作是家长的同盟,而不是裁判,合作就有可能。所以,教师和家长交流孩子的情况时,最好一开始先谈一些不那么敏感的话题。等家长心理上放松下来,不那么戒备时,他们可能会袒露对孩子某些行为的忧虑,并主动寻求教师的帮助。

今天的家长可能比过去的家长更容易感到孤立无援、如履薄冰。原本可以提供心理支持的大家庭大部分已经消失了。在大多数双亲家庭中,父母两人都工作。单亲家庭的家长责任更重。如今的家长可能有更多的渠道得到育儿方面的书籍和知识,但他们的实践经验不足。当父母双方都工作时,不仅和孩子在一起的时间少,也很少接触孩子的同伴,因此,家长对于哪些行为属于正常范围就不会太清楚。年轻的母亲更是压力重重。很多女性有自己的工作,还要照料孩子、要承担一些甚至全部家务。幼儿的母亲自由时间最少,最辛苦,心理压力最大。能够意识到家长缺少自由时间,有助于教师理解他们面对的压力。家长们可能真的没有时间帮助孩子完成幼儿园布置的任务。教师需要体谅家长面临的压力和实际困难,尽量给家长提供帮助,而不是增加额外负担。

一位在高校当教师的母亲回忆起她当初完成博士论文时的情景:"因为先生经常出差,孩子基本是我一个人带。每天我都是在把孩子哄睡着后才坐下来写论文,一般都9点多了。我会拿一盒纸巾,坐在书桌前,先大哭一场,然后擦干眼泪,写到三四点。每天如此。"

2. 建立平等的关系

从家长们把孩子交到了幼儿教师手里的那一刻起,就会不由自主地产生一个念头:孩子的幸福都在每个教师的掌握之中了。很多家长在处理与教师的关系时小心翼翼,生怕得罪教师,让孩子遭殃。

很多家长认为幼儿园是教师的领地,不是家长的地盘,在幼儿园和教师交流时不自在,就像鱼离开了水,或到陌生地方做客一样。有些家长对自己的育儿能力不自信,他们把教师看成权威人物,是幼儿教育方面的专家。有这样的心态,教师和家长的关系就很难平等。如果关系开始时双方就不平等,交流的方向一般就是从占据优势地位的一方(更有专长的一方)流向处于劣势的一方。这就像从水壶向杯子里倒水一样。在这种情况下,水很难从低的容器向高的容器流动。如果幼儿教师真心希望家长成为教育的合作者,就必须改变对双方地位的认知。沟通一定要双向流动。考虑到教师的地位优势,教师有责任采取主动,帮助家长消除心理障碍,建立平等的关系。

除了地位认知,语言也会给教师和家长的顺畅沟通带来困难。相互理解需要说话者的清晰表达和听话者的准确解读,可是语言常常是含糊的,交谈的过程中有很多容易产生误解的空隙。例如,教师为了减轻家长的失望,用委婉的方式谈及孩子的问题,这可能被一个家长理解为教师对孩子还比较满意,另一个家长则会认为教师在掩盖问题。

> 家长会上,老师对某位家长说:"你的孩子'不成熟'。"当家长问及孩子的不成熟表现有哪些时,老师说:"他不愿意尝试新事物。"家长又问,孩子不愿做哪些事,老师说:"他不愿意爬露天看台的台阶。"这时,家长明白了老师的意思,因为她知道儿子有恐高症。直到这时,家长才真正明白老师所说的问题是什么。如果这位家长没有追问,她很可能认为自己的孩子在其他方面发展滞后,从而产生不必要的焦虑和困惑。

在上述案例中,虽然存在教师表达不清的问题,但至少家长有足够的背景知识理解教师的意思。但如果教师满口教育术语,家长听不懂就会自惭形秽,要求解释时又会备感尴尬。"听觉加工问题"、"视觉空间能力良好"或"学习障碍"是什么意思?教师最好丢开各种术语,使用通俗的语言,并尽可能运用具体的、描述性的语句,而不作任何价值判断。

建立平等的家长—教师关系的一大障碍是:教师和家长的地位天生不平等。在我们的传统文化中,教师永远是正确的,孩子和家长最好把疑惑或担心放在心里,保持沉默。所以,在这样的文化背景下,家长是处于弱势的,教师一定要采取主动,去搭建平等沟通的桥梁。

3. 开通双向沟通的渠道

为鼓励家长参与,促进家园关系的建立,教师需要做的第一步是了解与家长沟通的进退之道。这与和其他人交流并没有太多差异,但家长—教师之间的交流在目的和一些细微方面还是有其特殊性的。

目前,很多幼儿园的家长和教师交流的方向是单向的,似乎期待或希望家长被动地接受教师的智慧。例如,教师与家长沟通的常见方式有:学校墙报、成长手册、家园联系手册、家长会和学生作业集,通常都是教师"告知"家长幼儿园的活动、课程设置、教学程序、幼儿的进展等。即便是家长会,也主要是教师向学生家长汇报幼儿的在校表现,其核心是向家长通报信息,并要求家长配合解决某些重点问题。家长会最后,教师一般会说:"如果有家长还有问题,可以与我单独交流。"但当教师被家长团团围住的时候,要和教师扎扎实实地交流一番的确是一种奢望,大多数家长望而却步。要想让家长参与真正发挥积极作用,家长必须开口说话并得到倾听。

　　小一班的家园联系栏里,贴着一张粉红色的纸,上面赫然写着这样的通知:"我班的3号、8号、17号、20号、24号小朋友的生活自理能力还比较弱,与其他小朋友相比还有较大差距,请这些小朋友的家长在家里帮孩子多练习,以尽快提高孩子的生活自理能力。谢谢合作!"

　　在小二班的家园联系栏里,同样也贴着一张粉红色的纸,不同的是这张纸上的内容有点不一样:"尊敬的各位家长:如果您的孩子在生活自理能力方面有了一点儿进步。请您及时写信告诉老师,我们非常愿意与您分享孩子的点滴进步。谢谢合作!"通知的旁边还贴上了一个精致的粉红信筒。收到家长的来信,老师都会把它们读给全班小朋友听,并把它们贴在家园联系栏中。渐渐地,家长们对写信越来越有兴趣,信筒中的信也越来越多。最喜人的是,孩子们在生活自理能力方面有了长足的进步。

教师愿意敞开心扉固然能促进有效的双向互动,但如果不会倾听,再能说会道也不可能创造对等的谈话。想要建立有效的交流关系,积极聆听是必要条件。选择好谈话的场所和时机,尽可能消除或避开干扰,让家长感受到独享关注的尊重。教师可以通过一些肢体语言来辅助自己进入倾听的状态:与家长保持目光交流,身体略微前倾,恰当地通过点头、扬起眉毛或微笑来回应家长的话,鼓励他们继续说。在听的过程中,可以提出相关的问题来确认自己的理解是否准确。最重要的是,自己尽量少说话。

这些行为是可以练习和学会的,但积极聆听并不仅仅是外部行为表现,它是一种态度。特别需要注意的是,倾听的目的是要听到家长的意见,并充分理解他们的意思,而不是为教师听完后的评价或意见作铺垫。教师的倾听能够向家长传递一种双向交流的愿望,从而让双方的地位趋于平等。当谈话的每一方真正倾听了别人所说的话并能恰当地回应时,沟通的双向流动就开始了。这样,教师和家长相互之间的信任和尊重就能逐渐建立起来,家长就能充分表达自己的看法,并能积极地、理性地倾听教师的意见。

4. 营造和谐交流的氛围

家长和教师双方都应设法创造一个让彼此都感到平等的环境,从而促成双向的、相互尊重的、坦诚的、建设性的交流。

一些幼儿园在招生时设立了与家长的"入园面谈"。一方面,通过面谈,家长可以询问和获得幼儿园的有关信息,教师也可以从家长那里了解孩子的重要信息。例如,家长可以告诉教师孩子的健康情况,如孩子的过敏问题、饮食方面的禁忌、需要特殊照顾的情况。面谈中,教师还可以向家长询问孩子的兴趣以及基本的家庭背景,这些信息将有助于师生关系的建立,也有利于教师针对孩子的兴趣和需要安排课程。另一方面,通过面谈,也能让家长熟悉学校的场所、规定和期望。

从家长那里获得的和给予家长的信息可以通过书面形式(如家长填写的入园登记表或给家长带回家的幼儿园简介),也可以通过口头形式传递。将两者结合起来使用,效果更好,因为口头交流比较亲切,而书面交流能够确保不遗漏重要信息。在收集幼儿个人信息时,因为人数众多,如果只依赖口头交流,教师将很难准确记住每个孩子的细节。

有时,一些小小的细节能大大地拉近教师和家长之间的距离。例如:开学前,教师给每个家庭打电话、给幼儿寄一张欢迎明信片、家访、邀请家长和学生一起来参观教室。这样的活动形式很多,但目的都是交换信息,加深感情。这些努力对发展常规的、平等的双向交流来说特别重要,需要教师主动一些,做个有心人。

5. 灵活运用交流方式

最初的交流一旦建立,教师就需要注意发展和保持交流的方法。方法有很多种,既可以是非正式的、口头的,也可以是正式的、书面的。

(1)非正式的交流

最常用的非正式常规交流方法就是家长在接送孩子时和教师随意的对话。与家长交流时,把握好谈话的基调是至关重要的。带着尊重和对孩子真切关心的随意谈话,能够维持很久,因为它不像正式场合的谈话让人拘谨。比如在家长会上,家长会觉得公开表明的应该是正式的反馈,家长会说一些"场面上"的话。在家长和教师的日常对话中,彼此的反馈往往更有用、更丰富,因为它不会被记录在案,不具威胁性。

对于那些太忙而不能每天接送孩子的家长,可以采用其他非正式交流手段。最常用的方法是打电话。虽然教师可能认为这会占用个人时间,但在开学第一个月的适当间歇里给每个幼儿的家长打一个电话能够起到事半功倍的效果。这会让家长感到教师平易近人,真心关心孩子,重视家长的意见。有些教师只有出了问题时才给家长打电话(如孩子生病或犯错误了),因此,家长在接到教师电话时往往会很忐忑。其实打电话可以只是问问情况,或谈一些发生在孩子身上的有趣的事情。出于上述原因,建议教师每学年打第一个电话时,最好说些积极的话题。这样的话,后面一些可能不那么愉快的电话就更容易被家长接受了。

(2)书面交流

书面交流具有持久性,能唤起特别的关注。尽管书面交流有很多形式,既可以是正式的,也可以是非正式的,但都必须语言规范,书写准确。否则,就会给家长留下不好的印象,干扰平等关系的建立。

教师可定期发布简报,向家长预报学校活动的安排或通报活动开展的情况。很多家长喜欢这样的简报,因为他们对孩子在幼儿园做了什么、学了什么非常关心。

电脑和网络使得简报的编辑和发布更便捷了,教师可以每次都使用同一格式。大多数简报是两周或一个月发布一次,但这个频率可以根据个人需要而定。简报给教师提供了一个和家长分享课堂趣事的机会,如幼儿的绘画、手工作品,以及课堂活动的照片。注意,一定要确保在一段时间内,每个学生都要被提及。

简报主要是教师向家长传递信息的形式,内容的选择以教师为主,但简报的编写和策划可以考虑让家长参与。这不仅可以打开家长参与的渠道,也能增加家长与家长之间交流的机会。大家在一起交流可以发现多数家长都感兴趣的内容。而且,这样做也能减轻教师的工作负担。

（3）成长记录

家长特别关注教师对孩子在园表现的描述和评价。写这样的报告比较耗费时间,因为教师需要指出每个孩子的独特之处,像"好孩子"或"需要继续努力"之类的笼统评语对家长是没有帮助的。缺乏具体信息的评语也无法促使家长给教师提供有用的反馈。一份好的成长记录应该是针对某一个孩子的,无法与其他孩子的评语相互替换。它一定是描述性的,充满具体的细节,能把孩子在课堂上的表现生动地展现在阅读者面前。为了促进双向交流,成长记录上应该留出给家长写反馈的空间,而且教师也要认真阅读家长的反馈,并作出一些回应。

入职三年的小米老师反思自己在家长工作方面的问题时,坦陈自己的困惑和困难:"在与家长进行幼儿发展情况的交流时,经常是想不起来孩子一天的表现如何。当家长兴冲冲地问我孩子今天表现得怎么样时,我经常是草草的一句'挺好的',即便是这简单的三个字,也是经过深思熟虑的:不敢说孩子不好,怕家长面子上挂不住。也不敢说孩子很好,怕一日生活中有什么缺点被掩盖,家长发现后会觉得教师没有关注到孩子。其实我对孩子的表现并不是不关注,而是关注了之后不入脑,也分析不出孩子的表现是究于何种原因,思考不够深入,所以不能很系统全面地向家长做介绍。同时由于是新手教师,我很怕在与家长的交流过程中说错话,伤害幼儿和家长的自尊心,所以很避讳和家长交流孩子的在园情况。对幼儿不了解,抓不住幼儿在发展过程中的特点,把握不好幼儿这个焦点和核心,我的家长工作从自身角度来说,开展起来没有底气!"

其实像小米老师这样自认为不善言辞、对与家长面对面交流有点儿发憷的老师，可以选择把要说的话写下来，从书面交流入手，逐渐和家长拉近关系。不妨充分利用小朋友的成长记录，及时捕捉和记录每个孩子的行为表现和进步。"好记性不如烂笔头"，写下来就不用再担心孩子的情况不入脑子了。同时，这还有助于教师进一步提高观察、分析幼儿发展进程的能力。慢慢地，教师就可以从无言以对，发展到言之有物、言之有理、言之有据了。看到教师的记录，家长也能体察到教师的用心，也就容易建立对教师的信任，双向交流的基础就可以建立起来。

（4）家长会

家长会是幼儿园使用最频繁的、最为制度化的家长—教师交流方式。家长会的主要目的是向家长通报孩子在幼儿园的发展情况。家长需要有时间与教师聊聊自己孩子的在园生活，也希望了解班级的整体情况，这样对自己孩子的发展情况可以有个更客观的了解。不过，很多教师把这种会议看成一件日常工作，而不是一个交流机会。很多教师和家长认为会议时间太短，无法开展有意义的谈话。也有教师遗憾地指出，有些他们需要见的家长总是不来。

有很多策略可以用来营造愉快的交流氛围。例如，适应家长的工作时间表，尽量提前通知，好让家长安排时间。会议环境可以布置得更有亲和力。让家长围坐在老师旁边，减少不对等的感受，而不是让教师坐在演讲席，家长坐在听众席。有条件的话，请家长坐在成年人尺寸的椅子上，这有助于他们放松下来。尽可能不让家长等待，到门口招呼家长更能表现出关心和热情，让家长感觉受到欢迎和尊重。在进入家长会议程之前，先用几分钟闲谈几句，让气氛更友好。对幼儿的讨论应以积极的话题开始和结束。如果有什么需要解决的问题，适宜放在会议的中间讨论。每次会议讨论的范围要有限制，选题要有重点，因为任何会议都不可能一次解决很多问题。

这些策略有助于家长会在愉快的氛围中卓有成效地进行，但这并不能大幅度地提升信息交流的对等性。给家长提问和发表意见留些时间非常重要。当然，支持家长参与的最重要的元素是停止说话，开始倾听！

（5）网络交流

短信是向家长传达通知最有效的方式。以短信的形式向家长发通知，不但能够让家长及时、细致地了解幼儿及班里的情况，还可以防止家长遗忘通知上的重要内容。

很多幼儿园都有自己的网站以及班级论坛。在论坛里,教师可以上传一些孩子的活动照片。这样即使家长工作再忙,无法来幼儿园,还是可以抽空上论坛看看孩子的在园情况的。

教师可以给自己班里的家长建立 QQ 群,聊聊孩子在园、在家的情况,促进教师与家长间的沟通。同时,家长之间也可以相互交流育儿经验。

对于难得上网、工作又确实非常忙的家长,教师可以定期向家长发邮件,让家长及时了解孩子的在园情况。

(6)家访

家访的意义是多层面的。家访能让教师看到学生所处的生活环境,从而更好地理解他们,并能设身处地地为家庭着想。开学前的家访有助于教师和家长尽早形成双向交流的习惯。家长一般会感激教师到自己家里来,因为家庭是家长的领地,教师在这个陌生领域是客人,在心理上处于弱势,教师的到来是一种努力的表示。家访是教师发出的一个友善信号:教师希望深入了解孩子的成长环境,和家长成为携手合作的伙伴。此外,孩子们也会因为教师的家访而感到兴奋,更能满怀热情地开始新学期的学习。通过家访,家园关系在开学以前就拉开了序幕。

当然,家访也需要谨慎。教师要允许家长拒绝家访。有些家长可能对自己家的处境感到难为情,也有些家长单纯地不喜欢别人到家里做客,所以在家访前,一定要事先联系预约,征求家长的同意。结伴家访也是个可行的方法,这样有利于多角度地收集信息并避免过于唐突。但需要注意的是,学校一方若多一个人,可能会破坏对等关系的平衡。

实践反思

1　想一想上班族家长的负担。很多家长的家庭和工作负担很重,以至于他们没有时间完成每天必须要做的事。列举出这些家长承担的责任,考虑完成每项任务所需要的时间。

2 小组讨论:为什么教师和家长之间关系会紧张?为什么教师和家长不信任彼此,而彼此的确是将孩子的利益放在心里的?

3 辩论:教师和家长,谁的难处更大?

4 教师如何让家长更好地了解教学的复杂性和挑战性?家长如何让没有子女的教师充分理解抚养孩子的难处?

5 采访三位教师,问问他们运用什么原则和技巧与家长沟通。如果可能且合适,索要一份书面交流材料,如简报。分析一下交流的方向,要特别留意让家长发表意见的部分。

6 采访五位幼儿园孩子的家长,问问他们与教师交流的感受。请他们描述一下记忆中最糟糕和最成功的一次交流。请他们说说学校或教师与家长交流的最有效的方式或模式。为什么这些方式有效?比较这些家长的答案。

第二节　让力量在家园间汇集

幼儿的成长离不开家庭的抚育、照料和支持,孩子的年龄越小,家庭的影响作用就越大。家长是孩子的第一任老师,是孩子成长过程中最关键的人。幼儿教师要和家长携手同心,承担起教育的责任,共同为幼儿在这世界上的第一段征程保驾护航。

家长工作复杂多变,即使对最有经验的教师而言,也是一种挑战。但如果幼儿教师怀揣爱心、信心和耐心,捧出善意和诚意,就一定可以克服种种困难,与家长建立起有效的合作关系。

话题聚焦

镜头一

这天,中四班的区域活动开展得很是热闹,小朋友都沉浸在自己所参加的活动中。当黄老师巡视到建构区时,告状的声音忽然出现了。帆帆用委屈的声调说:"黄老师,翔翔把我造好的房子弄倒了。"黄老师叫过翔翔,想了解一下具体的情况。还没等黄老师开口,翔翔就很着急地说:"黄老师,我不是有意要把他的房子弄倒的,是他先把我的盒子抢走的。我想要搭一艘轮船,是他先抢我的,我想把盒子拿回来,不小心把他的积木碰倒了。真的!"两

人的口气都那么肯定,黄老师只好转身询问在场的其他几个小朋友,他们的回答和翔翔的说法是一致的。然后黄老师再让帆帆说一说到底是怎么一回事。此时,帆帆还是说是翔翔的错,一直强调自己行为的理由。帆帆的这种表现已经不是第一次了,黄老师觉得应该和他的妈妈好好地交流一下了。

第二天下午,黄老师上完兴趣班后,等着帆帆的妈妈来接他。帆帆妈妈看到黄老师,很客气地打了招呼,黄老师马上上前,和帆帆妈妈交谈了一下近期帆帆在幼儿园的良好表现。帆帆妈妈很高兴听到老师表扬自己的儿子,也把他在家的好的和不好的表现一股脑儿地告诉了老师。黄老师抓住这个机会,把昨天发生的事情告诉了她。帆帆妈妈其实早就意识到了儿子的这个不好的习惯。她告诉老师,帆帆在家里因为撒谎、强词夺理,把家里请来的阿姨气哭过。妈妈也在发愁该怎么让儿子改掉这个坏毛病。妈妈说:"有时候,我气起来就狠狠地打他一顿,打了会好一点,可是没过多久又是这样,真不知道该怎么办。我们帆帆太皮了,黄老师你也帮我好好地管管他!""一味地打是没有用的,其实你们帆帆是很聪明的,就是因为你们太忙了,没时间管他,要管的时候又太过严厉了,所以,帆帆只有用撒谎这个方法来逃避你们的责罚。对于帆帆,最好的方法就是你们多陪陪他,多和他讲道理。我们两位老师也会配合你们把帆帆的这个坏毛病改掉的。"听了黄老师的话,帆帆妈妈欣慰地笑了,并感谢黄老师对帆帆的关心。她接着说:"以前还不好意思和老师谈论孩子不好的地方,现在明白了:为了帆帆好,要多和老师沟通。"

时间很快就过去了,太阳已经下山了。幼儿园里已经听不到孩子们的声音了。帆帆妈妈不好意思地说打扰了黄老师这么多时间,并一再道谢,离开了。

◆ 定格思考

1 黄老师在处理帆帆的行为问题时,为什么想到要和帆帆的家长交流?这样的做法有什么好处?

2 黄老师在和帆帆妈妈交流时有哪些方法值得借鉴?

◆ **细节透视**

1 黄老师注意到帆帆多次撒谎且不认错的问题后,立刻考虑到要与家长沟通,而不是独自处理,这是出于对孩子的负责。很多教师担心向家长谈论幼儿的缺点会引起家长的反感,因而常常报喜不报忧。殊不知有些问题的根源就在家庭,教师只有和家长联合起来,正视孩子的问题,采取一致的教育方法,才能帮助孩子改掉不好的习惯。黄老师及时地与帆帆家长联络,是为了更深入地了解孩子的在家情况,并和家长一起合力帮助帆帆,使孩子进步更快。

2 黄老师和帆帆妈妈的交谈不是"告状",没有一张口就把孩子在幼儿园的不良表现反映给家长,然后要求家长在家配合教师管教。黄老师这样做,不仅仅是出于礼貌或者一种交流技巧,她在明确孩子的问题前,需要更全面地了解孩子在家里的情况,而且需要探一探家长是否已经意识到了孩子的问题。当帆帆妈妈说出孩子在家的蛮横行为和撒谎问题后,黄老师心里就明白和家长的沟通可以从哪个层面开始了。

3 黄老师在和帆帆妈妈交流的过程中,大多数时间是在倾听帆帆妈妈的诉说。这样的态度特别能让家长感到被尊重,也会觉得教师是真心希望多了解自己孩子的情况的,是愿意理解家长的苦衷的。黄老师深知,家长是教师了解孩子的最佳渠道,只有让家长愿意说,教师才能获得有价值的信息,设计出个性化的教育方案。

4 既然帆帆妈妈已经直接提出请老师帮助孩子改掉坏毛病,黄老师就坦诚中肯地提出了自己的观点和建议。由于帆帆妈妈已经和老师建立了相互信任的关系,对老师的建议就会欣然接受。黄老师说"我们两位老师也会配合你们把帆帆的这个坏毛病改掉的",让家长心中顿感温暖。这句话表现出了黄老师对自己在家长工作中的准确定位。家园合作不是家长配合教师,完成教师的教育任务,而是教师帮助家长培养出健全的孩子。孩子首先是家长的孩子,教师是教育服务的提供者。

镜头二

小三班的凯文刚入园时,妈妈就拿出一包尿不湿,告诉汪老师中午睡觉要换上,孩子还不能自主小便。看见老师困惑的神情,凯文妈妈赶紧说:"别误会,我们家孩子没毛病,孩子还没准备好,我们不想给他压力。"

　　很快凯文的独特性就越来越多地显现出来了。全班小朋友在做一个集体游戏时,只有他一个人不排队,自由地在队伍中来回穿梭,影响了秩序,使得游戏进行不下去。老师给小朋友讲故事的时候,凯文自顾自地从座位上起来,跑到建构区搭积木去了。中午吃饭的时候,凯文既不用勺,也不用筷,而是用手抓着吃。汪老师与家长沟通,反映了这些情况,话还没说完,凯文妈妈就表现出了不以为然的神色:"国内的幼儿园就是不尊重幼儿的天性,规矩太多,禁锢了孩子的思维。幼儿园就应该让孩子自由自在地玩。蒙台梭利就说过,幼儿园应该给孩子创造自主游戏的环境,尽量让孩子自己选玩具,不要干扰孩子。孩子小手肌肉还没有发育好,用手抓着吃饭也没什么,等孩子准备好了自然就会了。我们家就给孩子专门准备了 fingerfood。"凯文妈妈滔滔不绝的一番话说得小三班的两位年轻老师一时无言以对。此后几次交流也是一样,汪老师无法和凯文妈妈正面交流。你说一句,她有十句,而且都是一套一套的大道理。汪老师了解到凯文妈妈是留洋博士,凯文就是在加拿大出生的。汪老师自己还没孩子,在凯文妈妈面前更是没信心。

　　可是凯文在幼儿园的适应问题还是让老师们很担忧,这样下去不是办法。汪老师决定换个办法与凯文妈妈沟通。每次面对面交流时,汪老师都没有机会发言,她就把自己的想法写下来给凯文妈妈看。汪老师在凯文的家园联系册上动足了脑筋,每次都列举凯文最近的进步之处,哪怕很小的一点都写得绘声绘色,而且还说明这样的行为对幼儿来说意味着什么。同时,汪老师在凯文身上也很用心,想了各种办法引导孩子建立规则意识,学习基本的生活技能。几周后,孩子用勺吃饭吃得很好,午睡时老师及时提醒孩子撒尿,孩子也基本不用尿不湿了。凯文和汪老师特别亲,每次放学都要跟她吻别一下。渐渐地,凯文妈妈来接孩子时比以前客气了,有时还主动和老师聊两句。渐渐地,汪老师会在练习册上加上一两句:"如果凯文能……,就更好了。"

不久，一位大学学前教育专业的教授要到幼儿园做研究，需要请一些家长代表召开一次家长座谈会，汪老师立刻推荐了凯文妈妈。凯文妈妈在座谈会上积极参与了和教授的讨论，会后还拉着教授请教了不少问题。

第二个学期开学，凯文妈妈送孩子来园时，给老师送了一个凯文和妈妈一起做的花灯。凯文妈妈说："汪老师，我们凯文这半年进步很大，真的很感谢！以后我们多交流。"

◆ **定格思考**

① 对于凯文妈妈这样和老师理念不一致的家长，汪老师的处理方法有什么可取之处？

② 在家园关系中，教育观念分歧时有发生，还有哪些求同存异、达成共识的方法？

◆ **细节透视**

① 面对强势的家长，汪老师压制住了自己的情绪，表现出了极高的修养。更难能可贵的是，她没有退却，没有放弃和家长的沟通。汪老师心里惦记的是凯文这个孩子，没有计较家长对老师的不尊重和不信任。只有一切从幼儿的利益出发，汪老师才能够稳定情绪，坚持努力，真正体现出一个幼儿教师的爱心、信心和耐心。

② 汪老师在沟通策略的选择方面，也体现出了智慧和专业素养。凯文妈妈难以沟通，是因为她自认为通晓先进的国外育儿理念，对年轻老师的专业性有怀疑。但实际上，"隔行如隔山"，凯文妈妈对蒙台梭利的教育理念理解得并不透彻。汪老师并不急于和凯文妈妈争辩，因为她知道辩解是无力的，真正有说服力的是行动，是让凯文妈妈看到孩子的成长。与家长的沟通，不是要证明自己的工作多出色，而是要帮助孩子更好地发展。有了这个准心，汪老师就能够在家园沟通中触及打动家长的那根弦了。

③ 由于凯文妈妈的交流风格属于不由分说型，老师难以有机会表达自己的观

点,于是汪老师采取了书面交流的方式。一则避免了直接对抗,每次都被"教育"一番,这样下去谁都受不了。二则可以掌握主导权,把握交流的重点,避免在面对面交流中被能说会道的家长"牵着鼻子"走。

4 先培养积极情绪,再讨论要解决的问题。汪老师的家园联系册上主要写凯文的优点和进步,让家长觉得自己的孩子得到了赏识,在情感上就和老师拉近了一步。每个孩子都有优点,要找到孩子的可爱之处还是容易的,所以这样的做法并不是虚伪。汪老师特地详细描述了凯文的行为并做了适当的点评,一则表示对凯文的关注和喜爱,二则也显现出了自己的专业能力,让家长觉得:这位小老师观察细致,分析到位,还是很有水平的。

5 汪老师在行动上的跟进才是打动家长的关键。汪老师没有因为凯文妈妈的无礼而怠慢孩子,反而更加努力地去培养这位需要帮助的孩子。孩子的进步是有目共睹的,家长才会对老师产生真正的信任,才能口服心服。而且孩子的心里有杆秤,谁对他好,他就跟谁亲。凯文对汪老师的依恋之情,足以打消任何家长对老师的怀疑和戒备。

6 对于凯文妈妈教育观念的偏差,汪老师没有直接去纠正。她巧妙地利用家长座谈会的机会,让凯文妈妈直接和真正的专家进行交流和咨询,间接地引导家长转变态度和方法。其实,给孩子家长提供有用的育儿信息也是促进彼此理解的有效方法,这有助于家长和老师在教育观念上统一起来,使合作更加顺畅。

行动方案

幼儿的教育不是幼儿园单方面的努力就能够完成的,有很多问题仅靠在教室里组织活动和操作玩具是无法解决的。基于这样的理解,幼儿教师要积极寻求家庭的支持,把幼儿园教育与家庭教育连接起来,为幼儿创造更好的成长环境。在建立了相互尊重的平等关系之后,幼儿教师更要动脑筋在各方面与家长密切合作,充分发挥家园共建的合力,给幼儿提供全方位的支持,让他们的每一步都走得更坚实、更稳当。

1. 在倾听中破解幼儿成长的密码

由于幼儿之间存在个体差异，教师对于每个孩子的了解不可能像家长对自己的孩子那样透彻，因此教师需要家长的帮助才能更好地把握孩子的个性特点、发展水平、喜好、经历。家长尽管不是专业的教育者，但他们在实际的育儿过程中，也积累了一定的教育经验，教师不仅能从家长那里得到有关幼儿的事实性信息，还能从家长的育儿经验中得到启示，学到一些管用的方法。更重要的是，在与家长不断深入的沟通中，教师可以更深刻地认识到孩子性格的发展、行为的养成是与家庭的生活状况、家长的经历有着千丝万缕的关系的。很多时候，孩子的成长密码就在父母的故事里。

> 一天，小杰的父亲打电话给童老师兴师问罪："今天我家小杰在幼儿园里是不是又被打了？"隔着电话，童老师都能感受到小杰父亲的怒气。童老师竭力回忆起今天课堂上发生的事情，坐在小杰后面的融融不小心用脚碰到了小杰，周围的小朋友都证明融融是无意的。可是小杰的父亲根本不听老师的解释，还执意要给儿子调班。童老师一时说服不了他，决定当晚上门与小杰爸爸沟通。交谈中，小杰爸爸激动地说："我十四岁时，同桌是个流氓，一直欺负我到十六岁，我不能忍受儿子小小年纪就受人欺负！"这时，童老师终于明白为什么在大家看起来很小的事情，小杰爸爸却会如此紧张。老师想起小杰在幼儿园的表现：每天都显得无所适从，特别喜欢告状，也没有什么朋友。看来这些都与父亲的影响有关。老师于是约小杰爸爸到幼儿园详谈。
>
> 第二天，小杰爸爸来的时候明显平静了很多，他没有再提调班的事，但提出了一个建议：要老师鼓励孩子学会自我保护。顽皮的孩子伤了他人只要说声"对不起"就没事了，而弱者却要长期忍受他们的行为，这是不公平的。童老师采纳了小杰爸爸的建议，并针对小杰的情况，对他加强了分辨是非能力的培养，帮助他和小朋友愉快交往。小杰多了很多朋友，信心也明显增强了。

2. 在给予中赢得家长的信任

幼儿园应加强与家长的情感沟通与信息交流，了解家长对孩子教育的需要，尽可能地满足他们的需求，从而激发他们参与幼儿园教育的兴趣和热情。家长合作的态度取决于合作是否满足了他们在教育孩子方面的需要。特别是在一开始的时候,教师需要多付出一些,给予家长一些实实在在的帮助和支持。当家长感受到与教师合作对自己和孩子有益时,就不会犹豫了,双方就会为孩子的健康成长而齐心协力。

> 萌萌刚上幼儿园,每天哭闹。孩子又认人,只让她第一眼认识的杜老师抱,其他老师抱她,她就哭。家长一筹莫展,只好很不好意思地提出了一个自己都觉得过分的要求:希望杜老师每天来抱抱萌萌。杜老师略想了想,就答应了。之后的一个星期,她不管自己是否当班,都坚持每天早晨迎接孩子,并引导孩子认识其他老师。她还主动与孩子的妈妈谈心,交流一些让孩子熟悉和适应陌生环境的经验。渐渐地,孩子与其他老师熟悉了,上幼儿园不哭了。萌萌妈妈很感激,而且觉得和老师多沟通,对自己教育孩子很有帮助。她后来一直是家园合作中最积极的家长之一。

幼儿教师给予家长的最好礼物就是孩子喜人的进步。当幼儿学会用爱去反馈父母,学会关心爷爷奶奶,学会照顾弟弟妹妹,学会承担一些家务时,家长的喜悦和感激是可想而知的。所以,通过引导孩子表达对家长的爱,送给家长一个越来越懂事的孩子,能够让家长和教师的合作更加亲密无间。

> 徐老师在带领小朋友去嘉定游玩时,给每人买了一盒南翔小笼。当把小笼交到爸爸妈妈手里时,孩子们洋洋得意地说:"这是我出差带回的特产,让你们尝尝鲜吧!"寒假前的最后一天,孩子们就做小主人去购年货,请爸爸妈妈到幼儿园吃年夜饭。三十几个小家汇集成一个大家庭,人真多,可荡漾在彼此之间的情更浓。妇女节的时候,每个孩子用五元钱为妈妈选了一件小礼物,礼很轻,却让妈妈看得热泪盈眶。重阳节,徐老师对孩子提出了"二要二不要"的要求(要听爷爷奶奶的话,要对爷爷奶奶有礼貌;不要对爷爷奶奶发脾气,不要吵着要爷爷奶奶买东西),小朋友们在家真的变样了! 家长们都庆幸自己碰上了一位好老师,徐老师班上搞什么活动都一呼百应,家长们都踊跃争当志愿者。

3. 在忍耐中化解误会的坚冰

在家园合作中,因种种原因而产生误会的情况屡见不鲜。如果教师明知有误会而不给家长任何解释,甚至产生怨恨的话,就有可能导致家长对教师、对幼儿园产生更深的误解和敌对情绪。所以沉默不是办法,一定要找合适的机会解释和澄清。在解释的过程中,如果家长质疑,教师不要急于为自己辩护,而是要先放低姿态,用平和的语气把事情的前因后果陈述清楚,对自己的沟通不力表示歉意。一般来说,家长是不会蛮不讲理的。当沟通双方由于某种原因而产生情绪时,无论是谁的过错,教师一方都应抑制自己的情绪。作为教师,应该真诚与耐心地和家长解释事情的经过,这样,即使原本对教师有意见的家长,在教师的感化下也会露出理解的笑容。

中二班有个叫宇飞的小朋友,性格内向,平时沉默寡言,在教师眼里属于那种听话、守纪律的孩子。一天,于老师带幼儿做户外活动,因室内外温差较大,于老师要求幼儿穿上外套。宇飞的外套太长,穿上活动不方便,因此他不愿穿。老师看他身上的衣服穿得也不少,就答应了。正当于老师和幼儿在外面玩得尽兴时,宇飞奶奶来接他了,于老师没顾上和她说话,只是挥了挥手。她奶奶边走边说:"你们老师真不像话!这么冷的天,也不给你穿外套。"宇飞一句话也没说。这情景正巧被一位在大门口的老师听见,她马上告诉了于老师。

第二天,于老师装作什么事也没发生,主动找宇飞奶奶聊天,让她为孙子准备一件短一些的外套或背心,并向她解释了昨天孩子不穿外套出去活动的原因,又交流了一些孩子秋季的保健方法。宇飞奶奶听完解释后宽慰地笑了,她主动提及对于老师的误解,并向于老师表示歉意。

4. 用各种方式凝聚各类家长

家长的性格和脾气各不相同,教师要与不同的家长打交道,其方式也需要增加灵活性和多样性。对于不同特点的家长,教师要善于投其所好,也要人尽其才,最大限度地发挥家长的作用。

对于金口难开的家长,教师要积极主动。这类家长性格比较内向,不善言谈,因此他们不大会积极主动地与教师交流。其实,他们很想了解孩子的在园情况,只是不知该如何说起。教师要主动与家长交流,在家长接送孩子时与他们谈谈彼此共同关心的事,使家长觉得与教师的交往很轻松,从而逐渐建立朋友般的关系。在此基础上,教师再慢慢地与家长交流孩子的事情。由于家长和教师相处得已经比较放松,在教育孩子问题上的合作自然而然地也乐于积极参与。

对于工作繁忙的家长,教师要充分利用现代化的通讯方式。这类家长工作繁忙,常常来去匆匆,或者很少露面,没有时间向教师了解孩子的情况,或者对孩子信息的了解都是间接的。但老人、保姆的转达,不是内容不详,就是内容不符,甚至于不转达。教师这时可以运用短信、QQ、论坛这些现代化的通讯方式,及时消除家庭与幼儿园沟通不畅的问题,使工作更有实效性。

小四班的班级 QQ 群里,老师和家长的互动很活跃。老师每周都会上传一些孩子在幼儿园生活的照片,并注意照片上每个孩子都能找得到。老师还常常和家长聊孩子在家的情况,分享一些育儿经验。家长们很关注这个班级群,因为通过这个平台,不仅能及时了解孩子的在园情况,还能和老师相互通气,目标一致地帮助孩子进步。通过这个群,家长之间的关系也密切了。有时家长之间还能相互出谋划策,减轻了老师的负担。

对于热情积极的家长,教师可以邀请其做家委会成员。这类家长总是主动地关心幼儿园,大到幼儿园组织的活动,小到幼儿园的门窗安装,都会过问和参与。这类家长能积极配合教师做好幼儿园的各项工作,当然是非常受教师欢迎的家长。教师可以请他们参与班级的环境创设,为亲子活动出谋划策。当教师与其他家长沟通遇到麻烦时,也可以请他们做家园工作的桥梁,请他们代表教师跟其他家长沟通,帮助教师做好其他家长的思想工作。有时候家长间的交流比教师的苦口婆心要有效得多,所以,教师要珍惜这些不可多得的帮手。

有的家长对老师表现得很热络,目的是和教师拉近关系,以期自己的孩子得到特殊的照顾。家长的这种心理可以理解,但这不但违背了家园共育原则,也容易给幼儿造成一种无意义的优越感,不利于其今后的发展。教师和这类热情的家长交流时要特别注意分寸,心里要明白家园关系的真正目标。教师和家长之间还是应该保持一定的距离的,不冲不撞,不亲不腻,本着一切为了幼儿的发展的原则,各自扮演好自己的角色,找准幼儿发展这一话题,避免利益瓜葛,这样,才能体现教师的本色和价值,才能得到家长的敬重和信任。

> 一位幼儿教师和班里某位孩子家长聊得比较多,当偶然听到这位家长能够买到真正且便宜的进口奶粉时,教师想到自己正在吃奶的孩子,又想到和这位家长非一般的关系,便以打折后的价格定期请这位家长给自己的孩子买奶粉。突然有一天,教师被这位关系非一般的家长告到了园长室,事因是孩子午睡尿床了,教师没有发现,孩子穿着湿裤子在幼儿园呆了一下午。家长投诉时把代买奶粉的事也汇报给了园长,这位教师差点被解聘。

对于全权委托的家长,教师要帮助家长提高育儿水平。这类家长把教育孩子的希望全部寄托在教师身上。他们认为自己既不会教孩子学绘画、音乐,也不懂教育学、心理学知识,没有能力参与幼儿园的教育活动。还有的家长缺乏科学的育儿知识,在家庭教育中往往不顾幼儿的年龄特点和教育规律,在生活中对孩子百依百顺、溺爱孩子,在学习上则强要求、高标准,不顾孩子的好恶,强迫孩子学这学那。教师可以给家长推荐一些育儿类的书刊、电视节目和网站,提供一些信息和资源,帮助家长提高教育孩子的能力。引领家长进行互动也是个好办法。将同龄孩子家长结合与搭配在一起,分享彼此的经验,家长技能得到了提高,家长互动也增多了,家园共建也就容易了。

对于喜欢挑剔的家长,教师要表现出一如既往的热情、真诚和主动。这类家长大多经济条件好、文化程度高,他们对幼儿园的保育和教育方面的要求也比较多,有的甚至对幼儿教师持有怀疑的态度。这时教师不要先入为主地产生抵触情绪,而要客观地看待家长的意见和要求。对于合理的部分,要善于采纳,这样有利于把教学工作做得到位,也能促进教师和家长信任关系的建立。

其实,和这类家长合作很有利于幼儿教育工作的提高。一方面,与这类家长交流需要深厚的理论功底和实战经验。只有教师面对家长时能够从生理和心理等方面分析幼儿的行为表现和心理特征,才能唤起家长的共鸣。也只有教师在关于幼儿教育的问题上与家长有话可谈、有理可依，才能使家长认可和信任教师的教育方式。这对幼儿教师专业学习来说，是一种促进。另一方面，这样的家长往往目光犀利，能敏锐地发现问题，为教师解决问题指点迷津。还有些家长见多识广，能给教师带来很多新的信息和思路，能为改进幼儿教育出谋划策。

咪咪的家长对幼儿园的美术教育一直颇有微词。每次他来园接孩子，都要细细地看一遍走廊里贴着的孩子的美术作品，一边看，一边摇头。有一次，薛老师让小朋友把在课堂上没有来得及涂色的作品带回家完成，第二天咪咪没有交作业。她爸爸说："这样的作业没有意义，我就没让孩子花时间做。"又一次，咪咪班上新的美术作品张贴出来后，咪咪爸爸忍不住和薛老师讨论起美术教育的观念和方法来。第二天，他带来了一些资料和一本台湾作者关于幼儿美术教育的书，给薛老师作参考。说实话，薛老师虽然觉得咪咪爸爸的话有些刺耳，让自己脸上挂不住，但又觉得他的想法是有道理的。她认真读了那些资料，觉得很受启发。后来，薛老师尝试在美术教学中采用了一些新方法，结果效果很好，得到了园长和家长的赞赏。

对于溺爱孩子的家长，教师要与之谈心聊天，表现关心。这类家长主要是老年人。现在许多孩子的父母工作都很忙，接送孩子多半由祖辈家长承担。这些祖辈家长最关注的还是孩子在幼儿园里吃得怎么样，睡得怎么样，玩得是否开心，有无被人欺负等。教师要充分利用接送时间，通过与其谈心、聊天，把自己对孩子的关心表现出来。适当的时候，可以让家长入园亲自看一看，让这些家长放心。

丫丫外婆不满意老师给丫丫安排的床位，多次向赵老师提要求，一会说孩子个子高，比较好动，爱爬床，一会说幼儿园的床不好，孩子每天中午都睡不着。老师先仔细观察了丫丫午睡的表现，发现丫丫并不完全像家长说的那样，于是，老师一边给家长介绍丫丫的午睡情况，一边做好调动丫丫床位的准备工作，并用录像拍下丫丫的午睡情况，让家长知道孩子睡的这个床位其实挺好的。再告诉家长其实每一个床位都是一样的，如果家长真的觉得这个床位不合适，老师可以马上给孩子换个床位。老师对于丫丫外婆提出的床不舒服的问题，也作了认真的回应，还请丫丫外婆自己躺在上面试了一下。老师的晓之以理、动之以情，感动了丫丫的外婆，最后主动提出不调换床位了。

对于漠不关心的家长，教师要积极交流，经常沟通。这类家长主要是一些文化程度不高的家长，他们对自己的孩子无论是在保育还是在教育方面往往抱无所谓的态度，认为只要孩子在幼儿园没有发生意外就行，其他情况他们不很在意。教师要经常积极地与他们交流，把孩子的表现讲述给他们听，把孩子的作品展示给他们看，告诉他们，孩子的成就主要来自父母的帮助，从而让家长了解，孩子的成长离不开父母的陪伴，希望家长多参与幼儿园的活动。

对于家庭情况特殊的家长，教师更要敏感。现代社会，家庭遇到的挑战和压力很多，"家家有本难念的经"。教师要意识到孩子所处家庭结构的多样性和家庭背景的复杂性，在设计和开展教学活动，尤其是亲子活动时，应该尽可能考虑周全，不要因为疏忽而为难了家长，伤害了孩子。

！实践反思

1 采访三位不同教龄的幼儿教师，问问他们在家长工作中遇到的最愉快的和最不愉快的事。

2 成立一个小组，邀请几位不同年龄儿童家长来讨论他们对家园合作的感受，以及他们希望如何改进家园合作，并比较不同年龄儿童家长的意见。

3 角色扮演：
中一班的朱老师设计了关于"我的家庭"的主题活动，要求幼儿回家选择一张最近和爸爸妈妈的合影,放在主题墙上展示。这天下午,来接北北的爷爷悄悄将老师叫到了一边,脸上露出为难的神色:"老师,我家北北父母离婚了,他一周岁后就没有过和父母的合影。"

如果你是朱老师,你会如何处理这个问题?请用角色扮演的形式把老师和北北爷爷的对话表现出来。

④ 和上述"角色扮演"类似的情况还有哪些?你在设计家长参与或者和家庭相关的活动时需要注意什么?

⑤ 收集有关家庭教育的资源和信息(如书籍、心理健康服务、有关育儿的录像片、网站等),制作一个宣传册来帮助幼儿家长。

《幼儿教师与家长沟通之道》

作者:晏红

出版社:中国轻工业出版社

出版时间:2012 年 1 月

　　如何与不同年龄、不同文化层次的家长沟通？如何与不同性格、不同从业背景的家长沟通？与不同年级的幼儿家长沟通有哪些技巧？当家长存在不同的教养误区时,该如何应对？除了家长会,还有哪些有效的家园沟通方式呢？凡此种种,是幼儿教师做家长工作时经常面对的问题。本书作者根据家长工作的基本规律,结合现实生活中的真实情况,回答了上述问题,阐述了幼儿教师与家长沟通的智慧与技巧,期待对幼儿教师的家园共育工作有切实的帮助与启发。

《家园共同体的建构——幼儿园家长工作的策略》

作者:吴邵萍

出版社:教育科学出版社

出版时间:2011 年 1 月

　　本书作者是一位有创新精神的园长。多年来,她带领团队共同探索幼儿园家长工作的方法和策略,并在实践中不断反思、总结经验、完善提升,最终集结成这本资料丰富、分析全面、闪烁着实践智慧和人文关怀的幼儿园家长工作手册。读完本书,您将会了解到:教师与不同类型家长沟通应采取的不同策略以及需要注意的问题;年轻教师开展家长工作的常见误区及其解决方法;教师组织各种类型家长工作前需要作哪些准备,如何实施,需要注意哪些问题;当教师与家长发生冲突时,园长应当怎样做。

第五章

做一个幸福自信的教师

一切成功的教育都是和谐的教育。教师之间的人际关系对教学活动,以及班级管理的展开,都有重大影响。如果教师之间相互尊重、相互理解、相互支持、和谐融洽、合作提高,就能营造出一种良好的幼儿园氛围。幼儿教师不仅要和园内的同行共事,还要和园外各行各业的人协作。无论在哪个层面开展工作,人际关系融洽了,教师们就能保持一种良好的心理状态,在工作中相互启发与配合,形成集体智慧,共同完成教书育人的使命,并体验到职业幸福感。

第一节　依靠同行　加固信念支点

幼儿教师的工作繁琐、辛苦,如果彼此之间能够相互尊重、鼓励、帮衬和支持,工作就会变得不那么繁重。幼儿教师工作心理压力大、烦恼多,如果彼此之间能给予一个安慰的笑容、鼓励的眼神、善意的玩笑,委屈不平就会变得不那么堵心。所以,幼儿教师要学会处理好同事间的关系,既相互尊重,又不失自我;既彼此依靠,又相互独立。有这样一张柔软坚韧的支持网络,教师疲惫时就可以靠一靠,无助时就可以借把力,失败时就不会触底,成功时就可以把欢乐传递到每个边角。

话题聚焦

镜头一

小楚老师大专毕业,刚入职不久,还在幼儿园的试用期。她非常希望能迅速进入新环境,和同事们熟悉起来。作为配班老师,小楚在工作中很注意观察,看到主班陈老师和保育员张老师有什么需要,不等她们提要求,就主动承担或配合。小楚老师手勤嘴也勤,凡遇到不懂问题,总是及时地向陈老师和张老师请教:"今天午睡时浩明和南南一直嘀嘀咕咕讲话,我该怎么处理呢? 除了批评,还有什么更好的法子?"

小楚常常带一些糖果、巧克力在包里，工作间歇会主动和其他同事分享。她从不吝啬对其他老师的赞美："你的发型很显气质！""你的手真巧！""你们班孩子真听话，你是怎么建立班级纪律的啊？"渐渐地，她和全园的所有老师都熟悉了起来，也从日益深入的交流中更全面地知晓了幼儿园的情况。小楚了解到谢老师宝宝还小，就经常主动帮她带班，让她早点回家。次数多了，谢老师有点不好意思，小楚就调皮地做个鬼脸："我反正没负担，家在本地，回去早了还要帮忙做饭，听我妈唠叨，还不如在幼儿园多呆一会儿，回家吃现成的。"大家都喜欢这个阳光、随和的新人，连食堂的师傅都夸这姑娘不仅会做事，也会说话。小朋友们更别说了，整天围着她，楚姐姐长、楚姐姐短。

"为什么我不能随时使用多媒体？"刚从小学调到幼儿园来的胡老师每次和同事交流时都愤愤不平。"说什么课程要整合，手段要多样化，要多用计算机，上课要用多媒体，可是全园就只有这一个多媒体大教室，两台电脑还都上了密码，只有园长和大教研组长知道，生怕我们（幼儿园教师）知道了给弄坏了！这也就算了，这里的机器还落后得要命，现在还用 win97，家里做的 PPT 都是能动的，可传到这里就全成了静止的了！上传也麻烦得很，楼下电脑房的电脑得打开不说，园长办公室的电脑也得开着，上什么课还得经过她的监控！我们以前学校（小学）可不是这样，每个老师都有多媒体教室的钥匙，也从来不设什么密码，做好的课件还可以随时跟别的教师分享……"胡老师一说起来就滔滔不绝。渐渐地，同事们都躲着她走路。胡老师不满的情绪常常挂在脸上，连小朋友都说新来的胡老师看上去"很凶"。半年不到，胡老师就主动要求离开了这所幼儿园。

◆ 定格思考

1 新入职的小楚老师很快适应了工作环境，她的做法有哪些是值得借鉴的？

2 胡老师为什么不能顺利适应，仅仅是因为小学与幼儿园管理风格的差异吗？

◆ **细节透视**

1   小楚老师主动学习和承担工作的态度是最值得学习的。新老师如果想尽快地融入到同事群体中，就要积极主动，很多事情不能等着领导或同事下达命令再去做，而是要主动询问，尽快明确并及时完成自己分内的任务。作为配班老师，在工作过程中要机敏灵活，注意观察，哪里有需要就出手相助、眼到手到。像小楚这样，不计较得失，能体谅主班老师的辛苦，尽量多承担一些杂务，不仅会令工作更顺畅，也有助于新老师尽快建立工作常规，掌握工作节奏。正所谓做事有谱，心中不慌。

2   小楚虚心求教的工作风格也是令人赞赏的。她虽是正规大专毕业，在专业基础上可能要优于其他老师，但她没有自视过高，而是很虚心地向实践经验比她丰富的前辈请教。这样的姿态很容易得到接纳。小楚还有着善于发现别人优点的能力，并且能恰到好处地把对别人的欣赏表现出来，这也是促进同事关系的有效方式。

3   小楚是个有心人，看到同事有困难就主动帮助。其实，虽然小楚年龄小，没有家庭负担，可青春年少的女孩子下了班，有多少好玩的事在等着她们呢。但小楚选择了照顾同事，而不是满足自己。更可贵的是，她还努力淡化自己的付出，给同事减轻心理负担。

4   小楚对待幼儿园同事的热情态度不分职位高低和关系亲疏。食堂师傅对她的评价就说明了这一点。一个组织中，无论角色如何，每一个人都值得尊重，小楚对同事们的善意没有功利目的，让大家相信她心地纯正、真诚可信。

5   相比之下，新调来的胡老师就有差距了。她到一个新的工作环境中感到不适应是可以理解的，但是一味抱怨非但于事无补，反而容易造成"自我隔离"，毕竟谁也不愿总听一位牢骚满腹的人宣泄不满。此外，胡老师批评幼儿园的时候总拿以前的小学作比较，不由得让其他老师心里犯嘀咕：是不是她瞧不上幼儿园的工作呀？这样，彼此的信任就难以建立了。

6   尽管胡老师的一些意见可能还是有道理的，但她在背后指指点点的表达方式却让人难以接受。她完全可以直接找园长坦诚地面谈，并根据自己以前的经验提出改进建议。建设性的人际关系是建立在开诚布公的交流基础之上的。胡老师交流方式的不当导致同事的疏远、支持的缺失，最终失去了工作信心，这是很可惜的。

7   归根结底，无论是小楚老师还是胡老师，她们的态度和行为都会影响到幼儿园的小朋友。一个令人愉快、与他人合作默契的老师往往是孩子喜爱的老师，而一个在工作方面不如意、郁郁寡欢的老师,很难具有吸引孩子的亲和力。所以,和同事、领导建立良好的工作关系也是幼儿教师的一项职责。

镜头二

幼儿园的会议室里气氛热烈,大家你一言我一语地发表意见:

教师 A:开放式的探索活动中,幼儿的尝试本来就是有的连续,有的不连续,很难用次数衡量,我认为"尝试次数"这一评价指标应该删掉。

教师 B:小丽自始至终把镜子反射的太阳光照在纸上,最后也没有发现彩虹,按照评价量表来说,她失败了。可是在整个活动过程中,小丽一直有说有笑,很开心,因为她发现纸上的影子像王冠。我觉得幼儿都有自己探索、发现和成功的标准,不能用大人的想法作为评判的最后依据,我觉得这一标准应该改掉。

教师 N:园长,这份评价量表有问题!

这是某幼儿园一次园内公开课后评课讨论的热闹场面,主要内容是教师对幼儿"探索镜子秘密"这一活动的评量,主要评量工具是园长自行编制的评价量表。既然是自行编制,自然会有合理和欠缺之处,园内教师也主要是针对量表展开了激烈的适宜性讨论。一时间,这份量表成了众矢之的,迎接着老师们各个角度的犀利评价。而整个过程中,园长始终很平静,一直拿着笔不停地记录着,时不时地点头,偶尔提出一个追问问题,看得出,她迫切地想通过讨论来解决问题。园长的诚恳态度使得整个讨论虽热烈,但没有火药味,大家越说思维越活跃,表达越流畅。

◆ **定格思考**

1 是什么促使了这种氛围的形成?

2 除了园长的管理方式,教师的哪些行为也有助于这种氛围的形成?

◆ **细节透视**

① 信任，尤其是园长对教师的信任，是推进民主交流的基础。在这一案例中，园长让大家共同承担修改评价量表的责任，体现了对教师的基本信任。正是基于对园长的信任，老师们不怕说错话，不怕得罪领导，能够勇于在讨论中把不成熟的意见表达出来，大家集思广益，最终形成更完善、更成熟的方案。

② 幼儿园管理者"不把园长当园长"的风格是促使这种民主氛围形成的驱动力。"我们一起干"的模式能够激发教师的积极性，让教师和管理者的关系从基本信任上升到有效合作。园长在讨论过程中没有把自己放在领导的位置上，而是和老师们一起参与讨论，并侧重倾听不同意见，这是真正把自己放进"我们"这一概念中的体现。在这样的氛围中，思想的火花才能迸发出来，问题才容易得到解决。

③ 可以相信，会议室里的这种氛围也是整个幼儿园的氛围，老师们彼此之间的交流和合作也会是坦诚、和谐的。因为信任一旦产生，就会转化成强大的凝聚力，促使大家把力往一处使，将幼儿教育工作越做越好。

同事关系最能影响幼儿教师的工作心境和积极性。幼儿园工作环境有其特殊性：幼儿教师基本都是女性，相对情感细腻，处事比较感性，而另一方面，幼儿园工作琐碎、繁重，压力大，容易让人产生倦怠感。在这样的环境下，同事之间相互理解、相互支持就显得格外重要。幼儿教师需要主动调节自我，和同事建立并保持良好的合作关系，让工作变得高效和愉快。

1. 彼此靠近，建立信任

信任能给人以安全感，它是一切良好关系的基础。对于一位幼儿教师来说，和自己每天相处时间最长的人，不是亲人，也不是闺中密友，而是同事。如果同事彼此之间缺乏最基本的信任，那么每一天的日子都会在怀疑、戒备、提防中度过，这样的心理氛围是任何人都不能承受的。

但信任不是等待别人给予,而要靠主动靠近和分享才能建立。当别人从你的热忱中看到信任,才可能报之以信任。有人说,我性格腼腆,不擅长交际。这不是理由。信任的建立不以性格为前提。无论性格如何,每个人都有可能与他人建立和谐的关系,只是方式不同。一个微笑、出差或旅游回来的一件小礼物、一起相邀去吃顿饭,都是自然而简单的主动交往的方式。适当的关心,也是诚意的信号。遇到同事心情不好、家里有困难、孩子生病了,等等,你可以细心观察,主动询问,力所能及地提供帮助,彼此之间的信任就会随之加深。积极主动的姿态可以是积极示好,也可以是积极回应。内向害羞的人可以通过对别人邀请或提议的积极回应来表现自己愿意与人接近的意愿。分享是建立信任的另一种方式。比如,在工作中有什么经验教训,适时地和同事分享,不仅有助于解决工作中的实际问题,更能增进彼此之间的信任。

"对不起,我没考虑周到!""抱歉,是我大意了!"……人难免出差错,但贵在能够及时地认识到并勇于承认,不推卸责任,不互相埋怨。这种坦诚大方的态度本身就能赢得同事的信任。对于同事的一些言论或行为,应尽量正面解读,不要负面理解。记住一条,在没有证据证明别人的恶意之前,先假设他是善意的。

信任带给幼儿教师的益处是多层面的:(1)在相互信任的氛围中,教师可以专心工作,避免为猜忌、相互埋怨等而分心。即使有了矛盾,也容易化解。(2)被人信任能给人带来积极的自我认同感,在工作上就会更有动力和成就感。(3)信任能给人情感上的依托,即使遇到寒心的事,彼此依然可以依靠取暖。(4)信任中彼此的分享和帮助有利于教师的专业成长,在幼儿教育工作中也能够越来越成熟稳健。

2. 顺畅沟通,达成理解

幼儿教育工作中的喜怒哀乐、酸甜苦辣,只有幼儿教师自己感触最深。特别是其中的艰辛,外人是无法体会的。所以,教师之间搭起沟通的桥梁,让积极的能量对流,让消极的情绪疏散,是非常重要的。

(1)工作上的沟通要透彻。幼儿教师一般都是搭伴工作,幼儿的情况、家长的反映、班级管理的细节,特别是临时调整的变化,都需要及时准确地彼此通报。不要让有些同事对应该知晓的事情还蒙在鼓里。对工作状况的全盘掌握有助于同事之间相互搭台,彼此借力。

(2)工作以外的沟通要适度。恰如其分的职场友谊就像冬天里的刺猬,为了取暖要挨得很近,而身上的刺又让它们保持一定的距离。以刺猬的方式相亲相爱意味着在私人生活话题的交流方面不必过于深入,尽量不涉及隐私,留有进退空间。这其实是一种尊重的体现。要适度地表达关心。在别人需要的时候,要给予帮助和支持。

(3)工作中的问题要多讨论。在遇到问题时,应该多商量,集思广益,这不仅可以减轻个人的工作压力,还有助于工作的高效开展和问题的顺利解决。幼儿园各个层面的管理者,包括主班老师、教研组长、园领导,更要多问"你的看法如何"。不管一个管理者有多大的精力和才干,都不可能事必躬亲,一定要把部分职权交给团队成员,让大家共同承担责任,同时让所有人都能体验到成就感。

> 幼儿园在积极探索教师绩效考核的新办法。草案出台后,向全体员工公示征求意见。这时,方园长收到了一位教师的来信,在信中,这位教师表达了一部分"绿叶"老师的心声:"我是一名普通教师,四十有余,职称不高,始终在自己的岗位上默默无闻地担当着'绿叶'的角色。在幼儿园,像我这样的'绿叶'还有很多,我们在工作中也是认真的、勤恳的,但现在幼儿园的考核较多地以承担各类任务为得分点,像我们这样的'绿叶'老师很难得到机会。要获得成功,似乎比较困难。我认为,考核要面向全体,鼓励优秀教师的成绩固然重要,但是,考核也应该体现对其他教师工作的激励。只有这样,幼儿园的保教质量才能得到全面提升……"这封信引发了园领导的深思,他们重新设计了旨在促进每位教师全面发展的绩效评价制度。

(4)工作中的烦恼要多倾听。幼儿园工作中,各种烦心事都会发生。因为教学效果不理想而导致的挫败感、因为幼儿行为问题而导致的烦躁感、因为家长的责难而导致的委屈、因为意想不到的事故而导致的自责……这些问题都可能让教师心情郁闷。如果这时有人能够倾听心中的苦恼,教师的心理压力就能得到缓解,就能尽快放下包袱,继续自信、快乐地迎接每天的挑战。所以,当你发现同事遇到了挫折,要主动询问,让他把烦恼说出来。如果自己遇到了问题,要学会找一个可信赖的同事倾诉一下。同做这一行的,深知个中滋味,容易产生共情。有人懂的感觉是令人宽慰的。

(5)工作中的隐患要多提醒。幼儿园工作中有很多的不确定因素,很多问题会让人猝不及防。单个教师的精力、经验和视线范围都有限,如果大家相互提醒和关照,就能拾遗补缺,减少一些失误。遇到潜在的问题,尤其是关系到幼儿利益的问题,彼此之间应该坦率地交换看法,不要因怕得罪人而回避。可以采用一些策略,让苦口良药般的意见听起来不那么逆耳。遇到难以公开交谈的话题,可以采取纸笔交流的方式。写信、留条、发短信或发电子邮件都是不错的选择。纸笔交流可以避免面对面谈话的尴尬,也可以防止谈话中双方因情绪不佳而引起的争吵。纸笔交流还可以谈得更透彻,因为落在纸上的话一般都是经过深思熟虑的。

王老师发现新来的赵老师很喜欢班上的一个漂亮女孩媛媛,她常常用"小美女"来称呼她,主动给她梳各种各样的辫子,还用手机给她拍照。班上的其他女孩很羡慕媛媛。一次,午睡起来后,妮妮走到赵老师面前,说:"赵老师,你也给我梳一个像媛媛那样的辫子,好吗?"赵老师看了她一眼说:"你脸太大,梳了不好看。"王老师看在眼里,当时没有说话。等孩子们下午在操场上自由游戏的时候,王老师走到赵老师旁边,看似不经意地说:"你给媛媛梳的辫子真别致。我小时候的幼儿园老师手也特别巧,不过她没给我梳过特别的发型,因为我长得不好看。漂亮孩子就是容易得到宠爱,不过这样也未必好,对吧?"赵老师听了倒也没说什么。第二天,赵老师主动对妮妮说:"来,今天老师给你梳一个新辫子,特别适合你的脸型!"梳完了,赵老师还给她拍了张照。妮妮乐开了花。赵老师又问:"还有哪个小朋友想要赵老师梳辫子?"

3. 互帮互助,加强合作

幼儿园里,班内教师之间默契配合是工作顺畅的保障,也是影响幼儿认知、情感、态度、行为发展的重要因素。现在的幼儿园一般配备二教一保,即二名教师一名保育员,三个人负责班级里的一切事务。班内教师并不总是一拍即合的,刚配班时,常有些不适应,需要经历一个磨合期。如果教师彼此能以诚相待,时时处处事事为他人着想,一切以工作为重,那么磨合期就会很快过去,就能营造出有序、宽松、愉悦的工作环境。在班级一日活动管理中,主配班教师与保育员作为一个团队和谐一致地工作,将对幼儿的各方面发展起到很大的促进作用。

主班教师扮演的是领头雁的角色,因而要做到严于律己、宽以待人,要依靠模范带头作用来带动和影响其他教师。主班教师首先要带头建立一个常规保教秩序,确保幼儿在园的安全,保证幼儿受教育的质量。班级里的三位保教人员都要有明确的分工。只有有了一定的秩序,保教人员才能默契地配合,每位保教人员在每个时间段该做些什么,才能做到心中有数,确保每个方位、每个时间段都有保教人员在引领着幼儿自由自主地活动。主班教师要与配班教师和保育教师多沟通、多交流。比如,班上的幼儿总体上有哪些进步?最近有什么值得关注的表现?对某些孩子应该怎样鼓励和引导?这样既加强了教师之间相互信任的关系,又有利于幼儿的教育、班级的管理。

配班教师也应当积极主动地发挥助手作用,不能认为承担主要责任的人不是自己,就松懈退缩。配班教师在课堂上除了要维持秩序,帮助处理个别情况(如个别幼儿尿尿)以外,还应该和幼儿一同听课,在需要调动情绪时作出反应,引导幼儿集中注意力。有时,主班教师的一个眼神、一句言语的暗示,都可能是配班教师下一步需要去做的事情,这就需要配班教师在工作时精力集中、灵活应变。在给新教师配班时,有经验的"助手"能令一节不成功的课改头换面。不过,配班教师不可喧宾夺主,要将自己的位置摆正,这样才能让教学活动顺利进行。

保育员也是教育工作者,其行为同样对幼儿具有潜移默化的影响。幼儿教师要把保育员当作重要的合作伙伴来看待,应当尊重、信任保育员,积极支持、指导保育员科学、有效地开展各项工作,从而将"保育"和"教育"有机地融合在一起。"谢谢"要经常挂在嘴边,这有助于教师和保育员之间建立起自然的信任和平等关系。同时,保育员也应认真协助教师开展好每一次教学活动,照顾好每一个幼儿,认真完成各项工作。

心心是大班新来的小朋友,尽管转来已有一段时间,但她还不能很好地适应幼儿园生活。班主任魏老师很伤脑筋。对于魏老师的心思,保育员董老师心里很清楚。

一天,魏老师拿出小红花,对小朋友们说:"从今天开始,老师每天都要评选表现好的'红花宝贝'。小朋友们看一看,谁能成为我们班的第一个'红花宝贝'呢?"小朋友们正在七嘴八舌,董老师站到了活动室中间,大声说:"我推荐心心做我们班的'红花宝贝'。"魏老师一听,立刻明白了董老师的用意。她会意地说："好,我们请董老师说说,她为什么推荐心心做我们班的第一个'红花宝贝'?"董老师马上接过话头,真诚地说："心心今天表现得非常好!中午饭菜都吃完了,还没洒饭粒;午睡时,她的衣服叠得最整齐;下午吃点心时,她还帮忙搬小椅子。"心心的小脸红了,继而是难以掩饰的喜悦之情。魏老师立刻大声说："好,我同意董老师的意见,心心就是我们班的第一个'红花宝贝'!"话音刚落,董老师立即带头鼓掌,随后教室里响起了热烈的掌声……

在幼儿园层面,管理者与幼儿教师之间的合作关系也非常重要,它影响着教师工作的积极性和满意度。

(1)"我们一起干!"管理者要有这样的出发点,才能赢得教师们的支持。"我们一起干!"当然意味着承担更大的责任,但只有这样,才能激发教师的积极性。如果幼儿园管理者缺乏这种合作意识,仅仅注重于任务的上传下达和管理监控,认为管理者不需要"干活"的话,教师的积极性就会降低,基本信任感也随之下降,幼儿园的工作就难以推动。

(2)"真不错!"管理者要舍得夸奖别人,学会关心,学会鼓励。"你们班的主题墙很有新意,真不错!""这堂课上得真不错,孩子们都调动起来了。""你们班的网络论坛搞得真不错,家长参与很热烈。"……看似不经意的赞扬,却包含着领导者细心的体察和真诚的认同。幼儿园管理者应当时不时地给予教师恰如其分的赞扬,从而使教师意识到自己所做工作的价值和意义,从而增强自信,提高效率。

(3)"不妨试试。""试试"是鼓励大胆创新,"不妨"是问题的关键所在,其意味着不太在意结果,有创意并付诸实施,必然会有收获。幼儿园管理者如果能采取这样大气的态度,管理也必定是有张有弛,以人为本的。在这里,管理者做到的不仅仅是"任人唯贤,用人必信",还在更高层次上赋予了教师自主尝试的空间。

在日常教学活动中,教师大多数是靠一个人的力量去解决课堂里的所有问题的,但很多时候,教师孤军奋战会觉得力不从心。第一幼儿园的管理者听取了园内教师的意见,实行了网络合作化备课的试点,以提高备课的效率。

园长牵头组建了教学组和专题组,让教师们都明确了自己的角色和工作范畴。在社会资源、自然资源、网络信息资源等这些课程资源的开发和利用中,教师们互相借鉴,资源共享,节省了大量的人力和物力。网络合作化备课加强了教师之间的交流,大家可以相互启发,取长补短,大大丰富了教学方案。教师之间的关系更融洽了,合作更默契了。

无论是在什么层面上的合作,幼儿教师都需要记住两个重要的字:"我们",时刻提醒自己是在与他人合作,不管什么事情都不要独断专行、自以为是。凡事应有大局观,不以自己的好恶、得失作为标准,而要把整个集体、所有幼儿的利益放在心头。如果幼儿园教师能够在工作中谨记并运用这条最简单的原则,融洽的合作关系就形成了。

4. 化解矛盾,学会包容

工作氛围就如天气一样,不可能永远晴空万里、风和日丽,同事之间闹点矛盾就像刮风下雨一样,十分常见。重要的是不能让工作的环境总是阴云密布,更不能兴风作浪,造成灾害。幼儿园的员工虽然所承担的角色有所不同,但大家的地位是平等的,因此,互敬互让、通情达理、求同存异是处理矛盾的主要原则,保持冷静、就事论事、互谅互让是解决问题的关键。

(1)理解个人差异是解决问题的基点。首先,不同年龄的人处于不同的发展阶段,每个发展阶段都有其特定的目标和要求。处于不同发展阶段的人的生理、社会性、情绪、智力方面的特点是不一样的,因此可以想象,不同年龄、资历的教师思考问题、处理问题、表达情感的方式也会有很大区别。另外,每个人自出生起就表现出了其独特的个性,加之受到生长环境、经历、教育的影响,每个同事的性格、喜好、观点的差异也是在所难免的。因此,相互之间的理解和包容是化解矛盾的前提。

(2)保持冷静是控制事态的法宝。当人们发生争执时,都容易情绪激动,言语过当。如果继续争论下去,不仅不能解决问题,还可能因为气头上的过激言论而伤害彼此的感情。在这种情况下,采用冷处理的方法,不让战火升级,给双方创造冷静反省的环境,有助于大家回到理智状态后,重新谋求一致。

冷处理的方式有视点转移法和暂时回避法。视点转移法就是双方都主动把注意力从可能发生分歧的问题上,转移到能够很快取得一致意见的问题上来。先存同,后求异,使问题水到渠成,迎刃而解。暂时回避法是在即将发生冲突或已经发生冲突的时候,其中一方暂时离开冲突现场,以避免直接接触,待双方冷静下来以后,再重新商量问题。

(3) 学会就事论事是保证问题不被扩大化的关键。一般的矛盾都是由具体的事件引起的,可是在争吵时,人们往往喜欢把对方过去的过错,以及其他方面的缺点统统拿来作为进攻的武器,结果是问题没解决,怨气倒越积越多。采用诱因封闭法,也就是把争论的焦点控制在引发这次矛盾的直接诱因上,就事论事,可以避免把单一的、具体的矛盾扩大成复杂的、无限的恩怨。使用这种方法,大家都要遵守同一规则:凡是已经过去的事,无论谁对谁错,都不要再提。

需要提醒管理者的是,不要将员工的意见分歧看作是对自己的反感或排斥,也不要将对别人看法的不赞同演变成对别人的否定或厌烦。要对事不对人,理智地将注意力集中在如何解决问题上,而不是一定要分个你我高下。管理者解决问题时,要尊重事实,以理服人。如果自以为是,忽略别人的意见,或拿自己的特权、地位强迫别人按自己的意愿行事,只能导致不和谐,并不能真正解决问题。因此,公开、民主的讨论会常常是解决矛盾的最佳平台。

(4) 努力互谅互让是避免矛盾升级的良方。"退一步海阔天空",在工作中没有什么比和谐愉快的人际关系更重要了,有时作一些让步,甚至牺牲也是值得的。宽容大度是化解矛盾的良方。凡事不要斤斤计较,即便有时受了委屈无法申辩,也不要钻牛角尖,而应通过自我的力量求得心理平衡。

(5) 自我批评是消除隔阂的妙药。当意识到自己错了,就应该主动、诚恳地向对方承认自己的不是,求得对方的谅解。为了面子而拒绝认错的做法不利于矛盾的缓和。千万不要以他人是否自责为条件,比如"他的毛病比我多,为什么他不自我批评?"如果大家都这么想,矛盾永远不会得到解决。

5. 调节情绪,快乐工作

幼儿园日常活动从早到晚,平凡、琐碎,日复一日,它们构成了幼儿园生活的主旋律,在有节奏地持续着。我们需要这样有规律的生活,并从中感到安心和从容,但却不希望生活变得单调和乏味。在日常工作的细节中发现乐趣,是让内心充满欢乐的诀窍之一。

幼儿园常年有各种应时应景的活动,教师可以充分利用幼儿活动丰富多彩、形式多样的条件和便利,让自己也在这样的活动中体验快乐。教师可以充分发挥自己的才艺,这样既能更好地完成工作,又能让自己过把瘾,还能用快乐的情绪感染幼儿。

幽默,是开心果,也是心灵的空气清新剂,可以驱散怨气和怒气。孩子是天生的幽默大师,因为他们的思维方式有别于成人,所以常常说出让人意想不到的话,做出让人感到不可思议的事,令人忍俊不禁。幼儿教师的身边有各种各样的孩子,童言童趣层出不穷。学会欣赏和享受这纯天然的幽默,就"笑一笑,烦恼消"啦。

当然,对于幼儿教师来说,更深层面的幸福感来自于工作上的成就认同。孩子的成长和改变、孩子的关心和牵挂是最让幼儿教师感到满足的回报。教师还需要表达意愿的自由空间和发挥才智的平台阶梯。只有这样,教师才能感到自身价值的实现,才能乐于工作。这就需要管理者尊重教师的心理需要,尽量为教师提供机会和支持,让教师从各种渠道体会满足感和幸福感。教师的快乐丰富多彩,带给幼儿的,也将是丰富多彩的生活。

实验幼儿园几年来一直在努力打造"阳光教师"团队,希望全园教师能在发展中共享幸福。幼儿园管理者采取了三大策略:关注引领、搭建平台、多元激励。

幼儿园摸索出了一条"制度管理"与"情感管理"相结合的"适度规范"管理模式,提出强化非权力影响,从园长做起,勇于放下权威、接受质疑,正确看待问题,学会换位思考,提高制度执行力。为了充分体现教师的多才多艺,给教师搭建展示平台,幼儿园还对周前会议进行了改革,每次周前会议都会让教师自告奋勇地进行才艺展示。有唱歌、跳舞、诗朗诵、器乐演奏等,每次会议都让教师们心理上很放松,很愉快。

幼儿园工会也定期组织集体活动,创造机会让教师的情感得以宣泄和交流。教师的孩子得了重病,有人上门看望慰问;教师的父母过世,有领导前去悼念;教师的生日到了,会收到一束鲜花、一张贺卡等。

幼儿园鼓励教师拥有梦想,组织了寻根访谈、我为实幼献一计、办学思想专题培训等活动,组织教师以科学的态度,对现状进行反思,对未来的工作提出大胆的改革设想。幼儿园还放手让教师一次又一次地担任大型活动的策划,让教师们有了发挥才智和提升能力的机会。

实验幼儿园对每一个教师的评价都有侧重的项目,不求全,尽量发挥教师的长处,让每个教师最大限度地实现自我价值,领略成功的乐趣。此外,幼儿园采用团队激励的方式,开展"阳光班级"以及"阳光教研组"活动,其中的每一个环节都体现了阳光的理念:"公开、公平、公正",整个过程让教师心服口服,从而提高了评比的可信度。

在这样的阳光氛围中,实验幼儿园的教师们都很有激情。他们追寻着教师平凡而又诗意的生命轨迹,不断焕发着生命的活力,享受着生命的幸福。

实践反思

1　小组讨论:在与同事的合作中,最容易发生的矛盾有哪些,如何防止这类矛盾的产生?

2　访问一些幼儿教师,问问他们平时是如何与同事建立和谐的人际关系,并在工作中相互帮助、相互支持的。

3　如果你发现有一位同事在工作中有粗暴对待幼儿的行为,你会怎么办?

4　如果你对园长给你安排的任务有意见,你会怎么办? 反过来,如果你是管理者,你布置的任务遭到了反对,你会怎么办?

第二节　拥抱外援　开拓事业天地

　　幼儿园作为社会的一个组成部分,处于社会大系统中。幼儿教育的和谐不仅表现为幼儿园组织内部各要素之间的默契合作,也要体现幼儿园与社区之间的融合互动,和谐共建。幼儿教师要习惯于打开门窗,向外眺望,在幼儿生活的社区寻找更开阔的活动场;幼儿教师还要学会走出校园,踏入社区,积聚各种社会资源,为幼儿的全面发展提供社会支持。这时,你会惊喜地发现,幼儿教育的天地并不局限,幼儿教师并不孤独。丰富的社会环境能激发灵感和激情,热情相助的臂膀会带来温暖和力量,幼儿教师的幸福将在这个宽阔天地中成倍增长,无限扩散。

话题聚焦

镜头一

　　实验幼儿园在与社区共建方面做了一些大胆的尝试。

　　首先,幼儿园采取新举措促进家长、社区资源库共享。以往幼儿园主要是通过家长志愿者的积极参与,实现本班、本校的家长资源和周边社区资源的共享。现在打破围墙,将实验幼儿园在城东和城南两个园所的家长、社区资源整合共享,将各类资源根据开展的主题活动整理汇总,发布给所有班级,

---

供老师随时使用。

其次，幼儿园与社区实行双向开放。幼儿园和社区服务中心合作，策划开展了一系列活动，把幼儿教育与社区建设结合起来，相辅相成，互利互惠。以幼儿园为主，家庭、社区为辅合作活动有：家教社、教师志愿者活动、家长资源库建立、亲子活动、各类主题活动（玩具交易会、与社区老人心连心、家庭才艺秀、民间游戏全家玩，等等）、0—3 岁早教菜单式指导活动。在重阳节前举办的"与社区老人心连心"系列活动中，幼儿园老师带孩子们到社区敬老院看望老人。在此之前，幼儿园早早就围绕这一主题，组织幼儿和爸爸妈妈一起制作爱心饼干；举办义卖会，用挣来的钱为老人购买围巾、手套等日常用品；排练文艺节目；准备和老人共同参与的游戏活动等。活动当天，敬老院里欢声笑语不断，老人们很开心，孩子们和老师都特别有成就感，家长也很感激幼儿园安排这样的活动。

以家庭为主，幼儿园、社区为辅的合作活动有：家长进课堂活动、家长志愿者和家长义工队服务、家长经验交流与讲座、家长沙龙、家教知识比赛等。

以社区为主，幼儿园、家庭为辅的合作活动有：区域联动、社区卫生和文明城镇创建活动等。具体有：慈善义卖、中外家庭联谊会、为爷爷奶奶庆金婚、节约社会环保服装秀、亲子运动会、文明储蓄践行活动等。①

◆　**定格思考**

①　实验幼儿园为什么要投入这些精力加强与社区的合作？这对幼儿教育有什么益处？

②　实验幼儿园在与社区共建方面有哪些值得借鉴的经验？

---

① 案例改编自：幼儿教师教育随笔. 中国幼儿教师网. http://www.yejs.com.cn。

◆ **细节透视**

1　实验幼儿园的幼儿园、家庭和社区共建举措鲜明地体现了"大教育"理念：幼儿教育是一项极为复杂的系统工程，既不是幼儿园单方面能够完成的，也不是家庭或社区单方面能够胜任的，需要三方面的通力合作，才能形成幼儿园教育与家庭教育、社区教育相结合的育人平台，充分发挥出幼儿教育的整体功能。有了这样的思路，儿童发展被放进社会人生的格局中，放进人类发展的生态系统中去看待，幼儿教育的着眼点、方向、路径和目标就能够更准确、更合理。

2　幼儿园与社区共建对幼儿教师的成长与发展也是非常有利的。虽然社区共建比起关起门来按自己的想法实施教育复杂得多，也对幼儿教师提出了更多的挑战，但从另一个角度看，打开幼儿园大门后，幼儿教师施展才能的舞台更大，得到社会认可和支持的机会更多，成就感和职业认同感就会更强。

3　在幼儿园与社区共建中，增加了幼儿教育活动的可视度，能够有效地吸引整个社会对儿童发展和教育的关注。让人们看见儿童在社会生活中不可或缺的价值，以及幼儿教育工作的重要性和艰巨性，可以触动社会各界对儿童福利的关心，提高保护儿童权益的意识，增强对学前教育的重视和对幼儿教育工作者的尊重，从而有效改善整个幼儿教育的大环境。

4　实验幼儿园在社区共建举措中，特别注意了社区资源更大范围的整合和利用，这为幼儿教育活动提供了更丰富的选择。除此之外，幼儿园不仅注重资源的丰富性，更考虑到了资源的可及性，也就是如何便于幼儿教师利用这些资源的问题。资源虽好，如果教师们不知道，或者不知道如何使用，这些资源的功效就无法得到充分发挥。

5　实验幼儿园的社区共建活动是多元互动式的，共建活动根据主办单位分成三类，有利于各方发挥各自的优势和专长，让活动开展得更高效、更有深度。幼儿园、家庭和社区有机地、有序地互动，形成了一种常规和机制，有助于共建活动长期持续的开展。这比为了某个主题临时捏合的活动，更能发挥其稳定的教育功能。

6　以重阳节敬老活动的例子看，把幼儿教育课程和社区生活密切结合起来，使得教育活动的意义及时体现出来，让幼儿不知不觉地在有趣的、有目的的活动中得到智力、体能、情感和社会能力方面的锻炼，他们的努力在更多人的掌声和喝彩声中得到更有力的强化，幼儿进步的热情得到激励，老师也能感受到自己更大的社会价值。社区参与活动成为幼儿园常规教学工作的一部分,而不是额外的课外活动,没有给老师增加工作负担,老师会更有动力。此外,在现实目标的指引下组织活动,活动的策划和安排也有更明确的思路,这比凭空建构或者虚拟仿造情境容易得多。

镜头二

城东幼儿园所处的地区是当地的民间艺术创作和展示中心。幼儿园近年来开展本土民间艺术教育研究,并将此内容纳入园本课程建设中。端午将至,幼儿园老师们打算以传统节日的民间习俗为基本内容,结合本地区特有的民间艺术,如民间文学、民间音乐、民间美工、民间游戏等,对幼儿进行民间艺术教育。

主题确定后,老师们着手开始具体的准备工作。第一步,翻阅社区资源库。这一翻,喜出望外。这个社区关于端午节的活动资源还真丰富!有民间节日习俗表演队,还有一所龙船展览馆,里面陈列着很多做工精致、色彩鲜艳的龙船。老师们立刻打电话与社区文化馆联系,看看能否安排小朋友的参观活动。文化馆回复:"社区在端午节前夕要举办龙舟文化节,到时候这些龙船要到东山公园去表演赛龙舟,欢迎小朋友去观看。"老师们听了很激动,因为孩子们不仅可以欣赏漂亮的龙舟,还可以看到赛龙舟表演,能够更深刻地体验端午节这一重要文化习俗,这是一次多好的民间艺术熏陶活动啊!

老师们向家长发布了这个活动计划,邀请了部分家长志愿者,并通过文化馆联系了民俗表演队的老师,组建了节日活动策划小组。

端午节的民间风俗很丰富,策划组决定发动家长来开展一系列活动:包粽子、缝香包、编鸭蛋网、学唱地方剧、设计游戏活动。可是十个妈妈九个不会包粽子,正犯愁时,平时参加幼儿园活动总有困难的奶奶、外婆们自告奋勇地说:"我们会包粽子的!"老师们受到启发,扩大了家长志愿者的招募范围,并允许家长用自选的方式参加不同项目的活动。老师们根据端午节的习俗内容制定了一张活动菜单,让家长自选一项,这下家长志愿者们可热闹起来了,再也没有一个人打退堂鼓!

策划组了解到一位小朋友的家长是地方戏剧团的演员,特地邀请她表演《看龙舟》,并请她帮助策划这个环节的活动。

根据幼儿的年龄特点,策划组分别设计了大班组活动和中班组活动。大班包粽子、做香袋、编鸭蛋网,去公园观看赛龙舟,邀请部分家长志愿者参与。中班的全体家长以亲子活动形式参与园庆端午节区域活动,欣赏和学唱《看龙船》。

整个"快乐端午节"活动中,幼儿、家长、特邀志愿者、老师都全情投入,活动精彩纷呈,所有人都感到收获颇丰。①

◆ **定格思考**

1 你所在的幼儿园有没有举办过类似的传统节日主题活动? 你们的活动与城东幼儿园的"快乐端午节"活动相比,有哪些不同之处?

2 城东幼儿园在引进社会资源方面有哪些值得学习的地方,还有哪些可以进一步提升?

◆ **细节透视**

1 城东幼儿园在制定幼儿园教育计划之时就充分考虑了幼儿园所在区域的资源特色,把幼儿课程设置和本土文化结合起来,实在是用心、明智之举。幼儿园所能利用的社会资源十分丰富,但在日常工作中可以常用的资源最好是贴近幼儿活动范围和幼儿园所处地区的。耳濡目染的教育是最深远的教育,儿童生活区域的良好文化氛围最适合,也最容易渗透到幼儿教育的课堂中,使得园内外的感化力融为一体。

2 城东幼儿园的老师具备向外寻求支持的意识,他们策划活动的第一步就想

---

① 案例改编自:幼儿教师教育随笔. 中国幼儿教师网. http://www. yejs. com. cn。

到查找相关资源并向有关部门咨询,从一开始就把教学活动定位在了更开阔的空间里。这样的做法不仅能让孩子们获得幼儿园自身提供不了的体验,也可让老师巧妙借力,完成仅凭自己无法完成的任务。

③　城东幼儿园与本地区的社区管理部门、民间艺术机构,以及家长之间有通畅的联系渠道,因此他们能够抓住每一个对幼儿园开展民间艺术教育有帮助的活动时机。资源库的建立有助于老师们在策划教育活动的时候迅速找到相关的个人或机构,及时建立联系,获得有价值的信息和建议。

④　在节日活动策划过程中,城东幼儿园的老师迅速建立了一个多方代表构成的组织团队,让幼儿园、家长和社区代表充分沟通和互动,产生最理想的活动方案。这有别于幼儿园主导、邀请家长和社会资源加入的"数学添加"模式,而是创造了一个让思维碰撞、促进新想法产生的"化学反应"模式。这对幼儿的教育、三方的合作和教师的能力提升都极有裨益。

⑤　城东幼儿园的老师巧妙地利用了家长的多重身份,使得合作更加顺畅和愉快。很多时候,一些家长自己恰好就是活动需要的社区资源。在这种情况下,他们既是活动策划者,也是活动参与者;他们既是资源提供者,也是资源享用者,因而对活动开展所起的作用最为充分。城东幼儿园的老师在邀请社区艺人的时候,首先考虑了这部分资源,这让双方活动前的沟通更加透彻,从而保证了活动更符合幼儿教育的需要。

行动方案

世界学前教育组织(OMEP)和国际儿童教育协会(ACEl)在 1999 年召开的"21 世纪国际幼儿教育研讨会"上通过的《全球幼儿教育大纲》指出:儿童的发展是"家庭、教师、保育人员和社区共同的责任",教师要和家长"就儿童的成长以及和儿童家庭有关的问题,经常进行讨论、交流",教师"要和心理学工作者、社会工作者、健康卫生人员、工商人员、公共服务机构、学校、宗教组织、休闲娱乐机构及家庭联合会等建立合作关系"。2001 年,我国教育部在其颁发的《幼儿园教育指导纲要(试行)》中指出,"幼儿园应与家庭、社区密切合作","综合利用各种教育资源,共同为幼儿的发展创造良好的条件"。可见,幼儿园与家庭、社区合作共育是贯彻实施幼教法规的需要。幼儿教师要树立这样的意识,在实际工作中打开思路,为幼儿的成长和自身的职业发展开辟更广阔的空间。

1. 打开园门,拓宽思路,借力社会助幼教

幼儿教师要提高对幼儿教育的认识,树立大教育观,认识到幼儿教育不等于幼儿园教育,也不能把教育工作的对象局限在幼儿身上,而应该把教育对象扩展到幼儿家长乃至其他社区成员身上,让幼儿园、家庭、社区相互了解、相互配合、相互支持,共同为幼儿的发展创造良好条件。这就需要幼儿教师在"请进来"和"走出去"两个方面进行探索。

幼儿园还要打开园门,广邀各路能人献计出力。社区的环境资源、人才资源、文化资源都可以成为幼儿园教育的补给来源,有助于拓展幼儿园的课程内容和教学方式。幼儿园所在地的自然环境和人文环境也可以为幼儿教育提供贴近儿童生活的主题和内容。让孩子们把在生活中的经历和在幼儿园的活动自然融合在一起,可以加深体验,促进学习。

> 第一幼儿园所在的城市附近有各种类型的土楼一千多座,就像"天上掉下的飞碟,地上长出的蘑菇",点缀在田野上、溪岸边,错落有致,美妙绝伦,被誉为举世闻名的建筑瑰宝。市政府正在申报"世界文化遗产"的项目,并为此开展多种宣传活动。幼儿园老师深知这其中蕴含着的教育价值,并敏感地认识到利用此刻浓厚的宣传氛围开展这个主题的教学活动是一个不可多得的时机。因此,"家乡的土楼"主题活动走进了幼儿园。老师们设计了"土楼探秘"、"奇特的土楼"、"土楼美食"、"土楼民俗"、"土楼的明天"等系列活动,带领孩子们从不同角度去感知、探索土楼文化。①

人才是最容易引入到幼儿园内的资源,幼儿的家长中就人才济济,各行各业的家

---

① 案例改编自:幼儿教师教育随笔. 中国儿童教育网. http://www.cnfirst.net。

长都有可能成为幼儿教育的得力助教。幼儿园附近的各种商业场所、企事业单位、教育机构、社会团体的专门人才也都可以被幼儿园请进课堂,和孩子们互动,让幼儿获得与不同专长的人接触的经验。作为教师,要善于发现和有效选择、运用社区中的各种不同资源来帮助、支持自己的教学和幼儿的学习,促进教师自身与幼儿的共同发展。

　　机关幼儿园中二班的老师为了对幼儿进行更好的口腔健康教育,特意请来了一位当牙医的家长——林林爸爸,参与班级的健康活动。林林爸爸带了牙齿模型,还准备了一些小实验,给孩子们讲解了口腔卫生的重要性,教孩子们如何正确刷牙。孩子们都觉得新鲜有趣,消除了对牙医的恐惧,积极主动地提出了一个个自己平常遇到的问题,林林爸爸被孩子们稀奇古怪的问题逗得直乐。在欢快的气氛中,孩子们学到了重要的口腔保健知识,而林林爸爸也体会到口腔保健的普及工作真应该从娃娃做起。因为和孩子们在一起特别轻松快乐,林林爸爸表示以后类似的活动他还愿意参加。有了这次活动的成功经验,中二班的老师向园长建议,和附近一所社区医院的医生合作,请他们定期来幼儿园参与幼儿健康教育活动。

　　幼儿园要走进社区,把生活的各个场所变成幼儿教育的园地。社区是社会环境中与幼儿园关系最为密切的一部分,幼儿园周围的社区也是幼儿十分熟悉的地方。社区的自然环境和人文环境在幼儿的成长中有着特殊的意义。幼儿教师可直接让幼儿走进社会的大课堂,利用社区的各种机构和设施开展教学活动,这样不仅可以丰富孩子的真实生活经验,还可以通过资源共享达到节约教育经费的目的。

　　中心幼儿园把所在区域的五个公园、一条步行街、五个玩具店、一个老干部活动中心、两个花卉种植基地、一个生态教育中心、一个足球俱乐部、一所敬老院、六家书店、五处小型超市、两个市场、一个地方剧社、一个派出所、一个消防队、二十七处鞋店、三个车站、两间大饭店、七个书报亭等四十三种可供引导儿童打开眼界、丰富知识、认识社会的场所都纳入了资源库，并与这些单位取得了密切的联系。他们有时去参观、访问，有时去看书、听老干部讲故事，有时去看各种植物生长的情况，有时去了解消防队如何防火灭火。总之，幼儿活动的空间大了，许多活动就安排在公园、敬老院、书店、步行街去开展。幼儿园也常常请这些单位的叔叔阿姨到园里一起活动。一到各种节日，园里的客人很多，各单位的客人中有些就是本园幼儿的家长，他们带头积极为幼儿园建设出谋划策、贡献力量。

幼儿园、家庭、社区仅从形式上进行合作是不够的，必须向着全方位、深层次渗透融合的模式发展，使幼儿园、家庭、社区形成一体化的教育服务网络，幼儿教育服务内容从幼儿园教学扩展到为儿童和家长提供早期教育、保育、健康和家庭支持等，为儿童的早期成长打下良好的基础。可以说，全方位渗透融合是最为有效的合作共育方式，但需要政府、教育机构、社会组织等各方力量深层次的联动合作，在操作上存在着一定难度，还需不断探索与努力。

2. 疏通信息，沟通感情，建立人才资源库

为了有效地开展与社区的合作，幼儿教师需要采取一些措施，让散落存在的资源成为唾手可用的资源。首先，建立家长、社区资源库，收集、整理常规的联系方式如电话、电子邮箱、地址等，保持与社区有关部门的联系渠道畅通。可以通过走访和调查把家长及社区机构的专业特长、兴趣、爱好、要求、愿望以及愿意为幼儿园贡献什么、希望到幼儿园学习什么、参加什么活动，都了解清楚。在此基础上，幼儿园开展活动时，就可以更准确地找到合作对象，各取所需，愉快共事。把与资源库成员的沟通纳入常规工作，经常性地进行交流，这样对于掌握社区活动的动态非常有利，有助于幼儿园抓住时机开展活动。

幼儿教师还可以通过一些共建活动增进与社区文化部门的感情，如：幼儿园的腰鼓队、舞狮舞龙队参与社区表演，成为社区民间艺术资源的一部分。幼儿园在与社区开展合作时，要表现出诚意和平等意识，邀请有关人员参与决策，这样不仅有助于活动方案的优化，还有助于建立团队意识，让社区成员把幼儿园的事当成自己的事来办。

蓓蕾幼儿园的资源库非常丰富,除家长之外,社区内有特殊专长的专家、退休的足球教练、摄影爱好者、舞台设计师、专长于搞组织活动和创意设计的行家,都在其列。全园的工作人员分头拜访他们,热诚地将他们请进园里来,共商办园大计。每次搞大型互动,幼儿园总是以最大的热情邀请相关人员参与进来,和孩子们一起分享快乐。幼儿园还组织了家长武术队、家长舞蹈队、家长摄影组,在休息日由各行业专家和本园体艺教师对家长中的骨干加以培训。一批热心的家长后来就成了幼儿园的编外员工,但凡幼儿园开展运动会、节庆、文艺表演,这些家长就成为积极的参与者。园内所有的墙报、专栏、图片、装饰,都有家长参与布置设计。

　　更值得借鉴的是,蓓蕾幼儿园并不只是利用家长和社区的资源为幼儿园服务,它更重视对家长和社区的服务和回报。它创办了为全社区服务的"宝宝智能亲子屋",为社区提供亲子教育指导,向社区0—3岁婴幼儿提供游戏场所。宝宝智能亲子屋开设以来,已有数百名社区的婴幼儿家长参与,深受社区民众欢迎。幼儿园还开设了三类培训课:一类是对园内教师的,一类是对社区家长的,一类是对社区人员的。

　　幼儿园在节庆日常常组织幼儿和家长走进社区,开展文娱活动。如走进敬老院为老人送祝福并表演节目、每年六一节到社区举办"快乐童年"专场演出等。孩子与社区各行业的人士接触,能够学会文明礼貌,了解各行各业的贡献,同时也能为社区的文明建设共同努力,成为社区的小主人。如当发现社区某路段卫生环境差、没有分类垃圾箱等情况时,要鼓励幼儿出谋划策,以画儿童画的方式,提出治理意见,并拿到社区去展出、宣传,发出环保小卫士宣言,然后回到家里和爸爸妈妈一起搞好家庭卫生、环境卫生,做到节约用水用电,等等。

　　蓓蕾幼儿园在与家长和社区共建的工作中长年坚持不懈,促进了家庭、社区的文明建设,深化了家庭、幼儿园、社区间的合作,幼儿也在这种大合作的教育中获得了健康成长,老师们也在更广阔的天地里收获了更大的成就感和自豪感。①

---

① 案例改编自:幼儿教师教育随笔. 中国幼儿教师网. http://www.yejs.com.cn。

3. 乐于奉献，积极给予，发挥专业影响力

幼儿园在与社区的共建工作中，不能单纯地索取资源，更要积极给予，利用自身优势，对社区起到教育辐射的作用。一方面，幼儿园作为专门的教育机构，可以为社区提供多种优质服务。例如，社区内有的父母工作比较忙，很难按时接送孩子，这时幼儿园就可以增设晚托班，以及寒暑假的困难班；有的小学生中午用餐困难，这时幼儿园就可以开设"学生小餐馆"；幼儿园还可以为社区的新手父母开展婴幼儿保健护理知识讲座，为家长开设育儿培训班等。另一方面，幼儿园还可以带领幼儿在社区内开展各种公益活动，促进社区发展。例如，组织小朋友开展环保活动、给弱势群体献爱心活动等。这些活动不仅能让幼儿得到教育，而且有助于促进社区的文明建设，幼儿园的影响力也通过这些实实在在的服务得以发挥。

> 某幼儿园组织幼儿开展了一项主题活动："我的家园"。针对社区中人们横穿马路、逆向行驶、乱扔垃圾、乱摘乱踩等行为，老师们在网络上发帖，请家长和孩子一起提出改变这些行为的方法。在此基础上，老师们带着幼儿来到小区广场附近，请幼儿当小警察和小督导员。活动中小朋友们积极参与，与行人有效互动，提醒行人不乱扔垃圾并要对垃圾实施分类、不乱横穿马路。行人看到小朋友们有板有眼的宣传，也都自觉地规范起自己的行为来。

幼儿园在与社区的合作中，应坚持互利互惠、平等交流的原则。此外，幼儿园要致力于改善社区教育环境，协助社区建立和发展社区教育网络，并发挥幼儿园的教育辐射作用，这样才能达到长期的资源共享，互相服务。

4. 胸怀大爱，眼观大局，改善幼教大环境

在开发社区教育资源的过程中，幼儿教师需要及时了解社区对教育的态度。只有社区重视教育，理解并接受正确的教育观，幼儿园与社区的共育才能长久而顺利地进行。园社共育不能仅仅是锦上添花，更应是雪中送炭，要更多地关注对儿童发展不利的问题。幼儿教师应该了解当今儿童生存和发展的现状，知晓可能对儿童的发展产生重要影响的环境因素和社会变化，在与社区的合作中向公众渗透科学的儿童观和教育

观,改善儿童生存和发展的大环境。

中国的城市儿童大多数是独生子女,生活条件优越,在家是爷爷奶奶、外公外婆、爸爸妈妈的宝贝。但长辈们层层围绕的呵护并不能保障儿童无忧的童年,很多孩子还没上幼儿园就开始参加各种各样的"启蒙班"、"兴趣班",双休日都不能轻松一点,没有时间自由自在地游戏、在空旷的天地里奔跑。"饭来张口、衣来伸手"的生活又使得很多孩子身上缺乏未来发展所必需的独立与顽强。很多家长不懂教育,也无心去学,把孩子丢给所谓的专业幼教培训机构,就以为万事大吉。市面上充斥的"虎妈"、"狼爸"等自鸣得意的父母的"成功"案例,让很多用暴力对待孩子的父母更加理直气壮。教育产业的商业化使得很多错误的信息充斥市场,误导着没有分辨能力的家长,这对幼儿的发展极为不利。

很多农村的孩子有天有地,却没有父母的陪伴。他们留守家乡,由老人拉扯,不知道幼儿园是个什么样。还有一些孩子跟着父母走南闯北,漂流四方。居无定所的生活使得孩子们从小就面临适应不断变换的陌生环境的挑战。一到寒暑假,无人照料的孩子事故频出,凄惨的伤亡事件令人揪心。

饮食、服装、玩具的诸多不安全因素也在威胁着孩子们,拐卖儿童、遗弃儿童、非法雇用童工的阴影也笼罩着部分儿童。医疗保障的不健全也让一些罹患重病的孩子无法得到最好的治疗。

幼儿教育工作者要深刻意识到广大幼儿面临的种种潜在威胁,尽最大的努力,从社区参与入手,努力改善儿童的生存环境,帮助儿童争取更多有利于自身发展的权利。

整个社会环境的改变是一个漫长的过程,但如果幼儿教师胸怀这样的远大目标,就会发现当前的每一分努力都是值得的。"滴水穿石,聚沙成塔",每一个小小的改变,都是令人骄傲的成就,都是一种值得期待的幸福。

一个小男孩住在海边,他常常在海滩上玩。他热爱海里的生物,尤其是海星。有一天,他听说会有潮水把海星冲上岸,留在海滩上。潮来的第二天,小男孩跑到沙滩上,开始捡海星,然后扔到海里。一位在海滩上散步的老人问他在干什么。"我在救海星。"小男孩自豪地说。老人看了看沙滩上遍布的海星,摇了摇头,说:"傻孩子,你可能要失望了。你看这边,还有那边,地上全是海星。像你这样一个小孩,是救不了多少海星的。"小男孩想了一下,然后他把小手伸向地面,捡起一个海星,扔向大海,说:"我至少可以保证这一只海星得救!"

实践反思

1   小组讨论:谈谈你所了解的幼儿园与社区共育的项目。这些项目有哪些可取之处? 有哪些需要改进的方面?

2   小组活动:挑选一所幼儿园,了解一下这所幼儿园周围可用的教育资源,尝试建立一个资源库。

3   拜访几位幼儿园教师,问问他们在园社共育活动中的感受。他们的收获是什么? 遇到的困难有哪些?

4   走访一两个社区服务中心,了解这些社区与幼儿园的合作项目有哪些? 社区最感兴趣、最需要的合作项目是什么? 最喜欢的合作方式有哪些?

5   在下列儿童教育中存在的问题中选择其一,策划一个园社共育项目,目的在于引起人们对这一问题的关注,并在一定程度上改变这一状况。

(1)一些流动儿童入园难,父母为生计奔波,顾不上孩子的早期教育。

(2)一些双职工家庭的孩子寒暑假无人照料,只能被父母锁在家里。

(3)一些家长不懂得健康饮食知识,导致孩子过于肥胖。

(4)一些家长不注意培养孩子的社会规范意识,自己在公共场所也有不文明行为。

《在反思中成长》

作者：张燕

出版社：北京师范大学出版社

出版时间：2007 年 11 月

教育的目的是培养人。"教育是基于信仰的行动"，然而，教师并不是理所当然的教育者，也不是做好了充分准备才去做教师的，而是需要在实践中持续不断地学习，"教学相长"，逐渐地形成实际的教育教学能力，领悟教育的真谛。本书中呈现的案例都是活生生的真实事件，都以个人的方式描述、记录自己教育教学过程中特定的教育情景、事件，以及其中相互作用的人际关系，并加以分析。这些故事无论对于幼儿教师还是家长都有借鉴和启示作用，而且贴近生活，容易理解和效法。

《做个幸福快乐的幼儿园老师——为你的专业成长支招》

作者：莫源秋

出版社：中国轻工业出版社

出版时间：2013 年 2 月

本书专门为努力追求职业幸福的幼儿教师和幼儿园园长编写。作者通过大量的真实案例，教你如何从幼儿园工作、师幼互动、同事互动、家园互动和专业成长中获得幸福与快乐，让工作不再是单纯的工作，而变成一种享受。

《幼儿教师的心理调适》

作者:蒋慧,吴舒莹,马梦晓

出版社:福建教育出版社

出版时间:2012 年 10 月

本书全面分析了当前幼儿教师所面临的工作和生活问题,包括职业压力、人际关系、情绪管理、个人生活等,提出了幼儿教师调适自己的心理与行为的意见和建议,有助于幼儿教师改进自己的心理思维和行动,树立职业幸福感,构建幸福人生。

《与一线幼儿教师对话:激发反思,共同成长》

作者:陈妍,姜勇,纪萍

出版社:北京师范大学出版社

出版时间:2010 年 9 月

本书基于对一线幼儿教师职业现状的调查,案例丰富、生动,方法具体、有效,是一本幼儿教育工作者案头必备的优秀读物。它十分有助于读者有效预防职业倦怠,大幅提高职业幸福感。

《农村幼儿园教师导读》

作者:李俐

出版社:高等教育出版社

出版时间:2011 年 8 月

本书从农村幼儿园教师面临的工作现状和需要出发,以进一步贯彻落实《幼儿园教育指导纲要(试行)》为重点,以引领农村幼儿园教师专业发展为目标,寓科学性、系统性、实用性为一体。内容包括:第一章从幼儿、教师、幼儿园三个维度简要阐述农村幼儿园教育的特点;第二章以感性而朴实的教育案例、随笔,与农村幼儿园教师分享学前教育阶段重要的儿童观和教育观;第三章和第四章以规范有序、质量效益为价值取向,介绍幼儿园一日活动、保育工作、环境创设、游戏活动、习惯培养、活动策划、家长工作、工作计划、观察与学习等内容及要点,涵盖教师日常工作的方方面面;第五章呈现了18个主题下诸多富有农村自然、社会、人文资源特色的教育活动设计,以供教师举一反三、参考使用;第六章强调幼儿园安全工作的重要性,介绍幼儿园安全突发事件的应对及典型案例分析。

《跳出传统思维的幼儿园教师实用手册》

作者:(美)蔡伟忠

出版社:农村读物出版社

出版时间:2010 年 6 月

可能这不是第一本站在幼儿园老师立场写的书,也不是第一本用心关爱幼儿园老师的书,但肯定是一本幼儿园老师喜欢的书。如果你是幼儿园老师,你翻一下目录就会喜欢;如果你不是幼儿园老师,你翻一下目录就已经是在学习! 所有妈妈都爱孩子,但不一定爱得得法;所有老师都想教好孩子,但不一定教得得法。这是一本让老师掌握正确方法的书,是一本让老师寓教于乐的书,是一本让老师圆梦的书。

《幼儿园管理的 50 个典型案例》

作者:程凤春

出版社:华东师范大学出版社

出版时间:2011 年 11 月

本书精选了 50 个典型案例，涉及幼儿园管理的方方面面。每个案例既有思考题及问题解答，也有案例分析，但其意图并不是要给出标准答案，而是希望引发思考，给管理者以启迪与帮助。

《让理论看得见：法律精神与幼儿教师》

作者：童宪明

出版社：安徽少年儿童出版社

出版时间：2010 年 12 月

幼儿园教师是一种需要知识和创造知识的职业。教师知识的结构、管理方式及更新速度等都将影响教师作为课程的决策者、设计者、实施者作用的发挥。一支积极完善和科学管理自己知识的教师队伍是幼儿园教育工作的根本依靠。教师知识更新的真正动力，不应该是行政性的任务和指令，而应该是教师自己的需要和愿望。一个教师能从自己的工作中发现自己的问题和困惑，看到自己的不足，这就是引发其学习和知识更新的主要动力。

《学前教育政策法规概论》

作者：杨莉君

出版社：湖南师范大学出版社

出版时间：2008 年 8 月

本书系统地阐述了我国现有的学前教育政策法规，不仅对当前学前教育的主要政策法规进行了深入的解读，而且努力反映出当前国内外相关领域研究与实践的新成果与新趋势，以期为当前相关研究与实践的发展提供新的思路与视角。为了帮助读者提高运用学前教育政策法规知识的能力，本书在阐述理论的基础上结合实际的案例进行分析,通过对具体案例的分析,突出内容重点,增强了本书的使用性和针对性。

《幼儿园与家庭、社区合作共育的研究(修订版)》

作者:李生兰

出版社:华东师范大学出版社

出版时间:2013 年 4 月

本书由十章组成,展示了作者在较长时间内开展的对幼儿园与家庭、社区合作共育的各类研究(包括调查研究、实证研究、实践研究、专题研究等),提供了众多有价值的幼儿园与家庭、社区合作共育的活动和案例,也阐述了作者对幼儿园与家庭、社区合作共育的国际视野和理性思考,不仅具有理论创新价值,而且还具有实践指导意义。

参考文献

Eva Essa 著,王艳玲,张凤,刘昊译. 幼儿问题行为的识别与应对. 中国轻工业出版社,2012.

Olsen, G. & Fuller, M. L. *Home-school Relations* (*3rd ed.*). Pearson Education, Inc. 2008.

蔡伟忠. 幼儿常规建立的道与法. 中国农业出版社,2012.

陈迁. 幼儿园管理的 50 个细节. 福建教育出版社,2011.

程凤春. 幼儿园管理的 50 个典型案例. 华东师范大学出版社,2012.

丁海东. 童年价值及生命质量视野下的早期教育,学习型幼教·第四届园长世纪论坛, 2012

盖笑松. 从发展心理学证据到幼儿教育信念. 学习型幼教·第四届园长世纪论坛, 2012.

蒋慧,吴舒莹,马梦晓. 幼儿教师的心理调适. 福建教育出版社,2012.

刘占兰,廖贻. 聚焦幼儿园教育教学:反思与评价. 北京师范大学出版社,2012.

彭妮·塔索尼,卡林·哈克著,朱运致译. 儿童早期游戏规划. 南京师范大学出版社, 2009.

杨莉君. 学前教育政策法规概论. 湖南师范大学出版社,2008.

张燕. 在反思中成长. 北京师范大学出版社,2011.

张燕,邢利娅. 幼儿园管理案例及评析. 北京师范大学出版社,2011.

朱家雄. 幼儿园课程、教育活动与教师成长. 学习型幼教·第四届园长世纪论坛,2012.